NCS기반
항공객실서비스

응급환자 대처

Cengage

NCS Aircraft Cabin Service: Responses for Emergency Patients

Yim Yeon Kyoung

ISBN-13: 978-89-6218-541-6

Cengage Learning Korea Ltd.
14F YTN Newsquare 76 Sangamsan-ro
Mapo-gu Seoul 03926 Korea
Tel: (82) 2 330 7000
Fax: (82) 2 330 7001

Cengage Learning is a leading provider of customized learning solutions with office locations around the globe, including Singapore, the United Kingdom, Australia, Mexico, Brazil, and Japan.
Locate your local office at: **www.cengage.com**

Cengage Learning products are represented in Canada by Nelson Education, Ltd.

To learn more about Cengage Learning Solutions, visit **www.cengageasia.com**

photo credit
cover © Microgen / Shutterstock.com

Printed in Korea
Print Number: 01 Print Year: 2023

NCS기반
항공객실서비스

응급환자 대처

Responses for Emergency Patients

임연경 지음

Cengage

Australia • Brazil • Canada • Mexico • Singapore • United Kingdom • United States

임연경
현) 제주관광대학교 항공서비스과 초빙교수
현) 한국항공객실안전협회 제주지부장
인하공업전문대학 항공운항과 졸업
세종대학교 호텔관광경영학과 석사
제주대학교 관광개발학과 박사수료
대한항공 객실승무원 12년 근무, 객실부사무장
대한항공 웹사이트 모델

NCS기반 항공객실서비스

응급환자 대처

초판 1쇄 인쇄 2023년 1월 4일
초판 1쇄 발행 2023년 1월 11일
지은이 임연경
편집 김민정
발행인 송성현
발행처 센게이지러닝코리아(주)
등록번호 제313-2007-000074호(2007.3.19)
주소 서울시 마포구 상암산로 76 YTN 뉴스퀘어 14층
전화 02)330-7000
이메일 asia.infokorea@cengage.com
홈페이지 www.cengage.co.kr
ISBN-13 978-89-6218-541-6

값 22,500원

머리말

이 교재는 항공운항과를 졸업하고 객실 승무원으로 12년간 근무한 후, 현재 제주 소재의 대학교 항공서비스과에서 학생들을 지도하는 과정에서 과연 객실 승무원이 되고자 준비하는 학생들에게 꼭 필요한 교재가 무엇일까 하는 오랜 고민에서 집필하게 되었다.

객실 승무원 취업을 준비하는 항공서비스과 학생들은 좀 더 생생하고 현장감 있는 기내 상황에서 제반 지식과 능력을 학습하고 싶어하지만, 아무리 훌륭한 교내 항공 실습실이 있다고 해도 실제 기내 환경이나 기자재를 보유하는 데는 한계가 있다. 따라서 이를 극복할 수 있는 것은 내용이 충실한 교재뿐임을 실감하게 되었다.

또한 항공서비스과를 전공하지 않은 일반학과의 취업 준비생들은 객실 승무원 업무에 대한 정보가 부족하므로, 이러한 문제를 극복하기에 이 교재는 더더욱 도움이 될 것이다.

현재 거의 모든 대학의 항공서비스과에서는 NCS(National Competency Standards, 국가직무능력표준)를 기반으로 한 교육과정을 운영한다. 'NCS 항공 객실 서비스'는 '기내 안전관리' '승객 탑승 전 준비' '승객 탑승 및 이륙 전 서비스' '비행 중 서비스' '착륙 전 서비스' '착륙 후 서비스' '승객 하기 후 관리' '응급환자 대처' '객실 승무 관리' 등 서비스 절차에 따라 나뉘며, 그에 따른 수행 능력을 평가함으로써 실무 중심의 교육을 목표로 한다. 그러나 NCS 능력 단위를 기반으로 한 체계적인 교재가 드문 실정이어서, 이 책은 'NCS 항공 객실 서비스'를 능력 단위별로 구분하여 정리하였다.

이 교재는 '응급환자 대처'의 능력 단위로 구성되었으며, 이를 통해 비행 중 발생할 수 있는 응급환자에 대한 자세한 대처 요령을 습득할 수 있다. 제한적인 기내 환경 요인으로 신속하고 정확한 객실 승무원의 응급처치는 기내 환자의 생명과 안전을 책임지는 데 크게 기여할 수 있다. 따라서 진지한 마음가짐으로 내용을 이해하고 학습하기를 바란다.

학습하기 전에 반드시 수행 준거를 먼저 살펴본 후, 본문으로 들어가기를 권한다. 학습 후에는 본문의 중요한 내용을 정리하고 다음 장으로 넘어갈 수 있도록, 각 장 뒷부분에 점검 단계 '잠깐! 점검해 볼까요?'를 넣어 구성하였다.

아무쪼록 본 교재를 채택한 모든 교수자나 학생이 보다 쉽게 NCS를 기반으로 한 '응급환자 대처'를 이해하고 활용할 수 있기를 기대하며, 항공서비스과를 전공하는 학생이나 객실 승무원을 준비하는 취업 준비생의 항공 지식 함양에 실질적인 도움이 되길 바란다.

이 교재가 출판되기까지 오랜 시간 검토 및 편집을 도와주신 센게이지러닝코리아㈜에 감사드린다.

2022년 임연경

차례

CHAPTER 2

항공 의료지원 서비스 및 장비

Services & Equipment for On-board Medical Support

CHAPTER 3

기내 응급환자 파악 및 초기 대응

Finding Emergency Patients & First Aid Response on Board

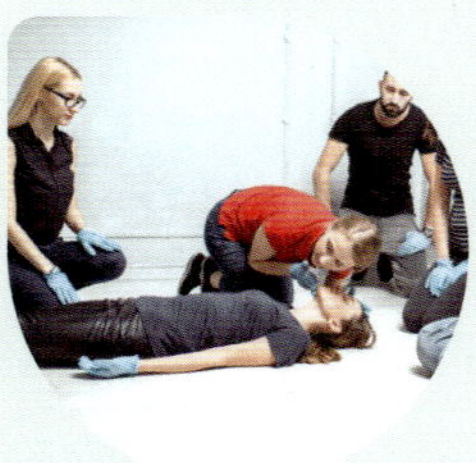

CHAPTER 4

기내 응급환자 상황별 응급처치

Emergency Treatment by Type of Emergency Patients on Board

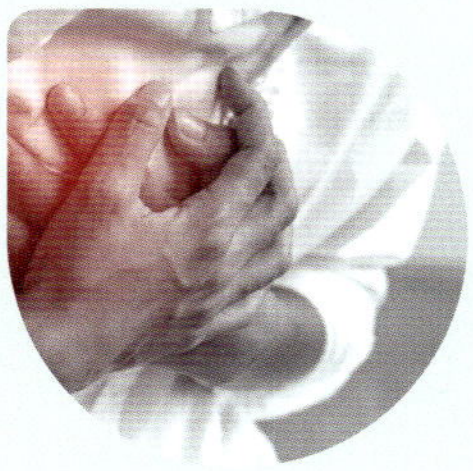

CHAPTER 5

기내 응급환자 유형별 후속관리

Post-care by Type of Emergency Patients on Board

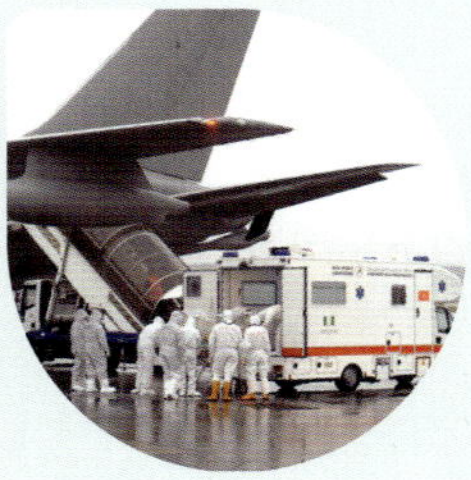

CHAPTER 6

기내 응급환자 대처상황 기록

Response Records of Emergency Patients on Board

국가직무능력표준(NCS)

1. NCS 개념

국가직무능력표준(NCS: National Competency Standards)이란 산업현장에서 직무를 수행하기 위해 요구되는 지식, 기술, 소양 등의 내용을 국가가 산업부문별, 수준별로 체계화한 것으로 산업현장의 직무를 성공적으로 수행하기 위해 필요한 능력(지식, 기술, 태도)을 국가적 차원에서 표준화한 것을 의미한다.

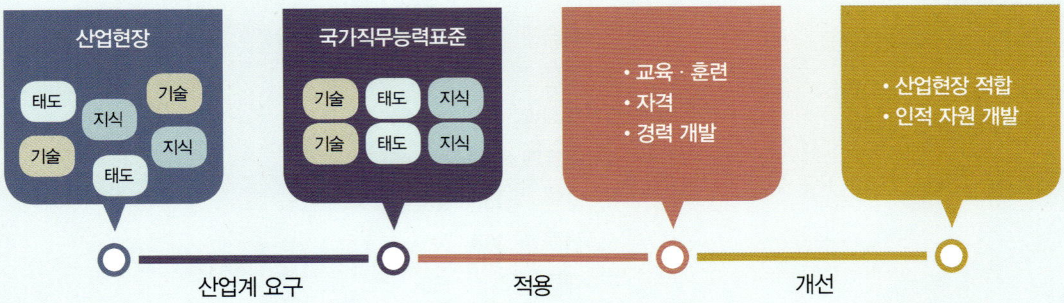

국가직무능력표준 개념도

2. 직무 능력

- 현업에서 요구하는 필수 실무 능력
- 직업인으로서 기본적으로 갖추어야 할 공통 능력
- 해당 직무를 수행하는 데 필요한 역량(지식, 기술, 태도)

이렇게 달라졌어요!
보다 효율적이고 현실적인 대안 마련

1. 실무 중심의 교육 · 훈련과정 개편
2. 국가 자격의 종목 신설 및 재설계
3. 산업현장 직무에 맞게 자격시험 전면 개편
4. NCS 채용을 통한 기업의 능력 중심 인사관리 및 근로자 평생 경력 개발 관리 지원

3. NCS 필요성

능력 있는 인재를 개발해 핵심 인프라를 구축하고, 나아가 국가 경쟁력을 향상시키기 위해 국가 직무능력표준이 필요하다.

- 기업은 직무분석 자료, 인적 자원 관리 도구, 인적 자원 개발 프로그램, 특화자격 신설, 일자리 정보 제공 등을 원한다.
- 기업교육훈련기관은 산업현장의 요구에 맞는 맞춤형 교육 · 훈련 과정을 개설하여 운영하기를 원한다.

현행

- 직업교육 · 훈련 및 자격제도가 산업현장과 불일치
- 인적 자원의 비효율적 관리 운용

국가직무능력표준 →

개선 후

- 각각 따로 운영되었던 교육 · 훈련, 국가직무능력표준 중심 시스템으로 전환(일 · 교육 · 훈련 · 자격 연계)
- 산업현장 직무 중심의 인적 자원 개발
- 능력 중심 사회 구현을 위한 핵심 인프라 구축
- 고용과 평생 직업능력 개발 연계를 통한 국가 경쟁력 향상

4. 추진 경과

2002

일 · 교육 · 훈련 · 자격을 연계하기 위해 국가직무능력표준 제도 도입

2010

국가직무능력표준의 효율화 추진에 대해 국가정책조정회의 조정

- NCS 명칭 통일 및 개발 주체 일원화(고용노동부, 한국산업인력공단)
- NCS 연구 및 교육과정 지원(교육부, 한국직업능력개발원)

2013

'능력 중심 사회를 위한 여건 조성' 핵심 국정과제 확정

5. NCS 활용범위

국가직무능력표준은 기업체, 직업교육훈련기관, 자격시험기관에서 활용한다.

기업체(Corporation)

- 현장 수요 기반의 인력채용 및 인사관리 기준
- 근로자 경력 개발
- 직무기술서

교육훈련기관(Education and Training)

- 직업교육훈련과정 개발
- 교수계획 및 매체, 교재 개발
- 훈련기준 개발

자격시험기관(Qualification)

- 자격 종목의 신설통합폐지
- 출제기준 개발 및 개정
- 시험 문항 및 평가방법

인용 출처: NCS 홈페이지(https://www.ncs.go.kr)

NCS 항공 객실 서비스 직무

1. 직무 정의

항공 객실 서비스란 객실 안전관리, 승객 탑승 전 준비, 승객 탑승 서비스, 이륙 전 서비스, 비행 중 서비스, 착륙 전 서비스, 착륙 후 서비스, 승객 하기 후 관리, 응급환자 대처, 객실 승무 관리를 하는 일이다.

2. 능력 단위

순번	능력 단위	순번	능력 단위
1	기내 안전관리	8	응급환자 대처
2	승객 탑승 전 준비	9	객실 승무 관리
3	승객 탑승 및 이륙 전 서비스	10	기내 음료 서비스
4	비행 중 서비스	11	항공 서비스 업무 기본
5	착륙 전 서비스	12	항공 기내 방송 업무
6	착륙 후 서비스	13	고객만족 서비스
7	승객 하기 후 관리	14	항공 서비스 매너

3. 능력 단위별 능력 단위 요소

분류 번호	능력 단위	수준	능력 단위 요소
1203010501_15v2	기내 안전관리	3	승객 탑승 전 안전 · 보안 점검하기
			항공기 이 · 착륙 전 안전 · 보안 관리하기
			비행 중 안전 · 보안 관리하기
			착륙 후 안전 · 보안 점검 · 관리하기
			비상사태 발생 시 대응하기
			상황별 안전안내 방송하기
1203010502_13v1	승객 탑승 전 준비	3	기내 서비스 용품 점검하기
			서비스 설비 및 기물 점검하기
			특별 서비스 요청사항 점검하기
1203010503_16v2	승객 탑승 및 이륙 전 서비스	3	탑승 위치 대기하기
			탑승권 재확인하기
			좌석 안내하기
			수하물 정리 지원하기
			특수 고객 지원하기
			탑승 환영 안내 방송하기
1203010504_13v1	비행 중 서비스	3	기내 음료 제공하기
			기내식 제공하기
			기내 오락물 제공하기
			면세품 판매하기
			객실 상태 점검하기
1203010505_16v2	착륙 전 서비스	3	입국 서류 배포 및 작성 지원하기
			기내 용품 회수하기
			기내 서비스 용품 및 면세품 재고 확인하기
			목적지 도착 안내 방송하기
1203010506_16v2	착륙 후 서비스	3	도착 안내 방송하기
			승객 하기 지원하기
			특수 고객 지원하기
1203010507_13v1	승객 하기 후 관리	3	유실물 점검하기
			잔류 승객 점검하기
			기내 설비 점검하기
			기내 용품 인수 · 인계하기

분류 번호	능력 단위	수준	능력 단위 요소
1203010508_13v1	응급환자 대처	3	응급환자 발생상황 파악 · 보고하기
			응급환자 초기 대응하기
			응급환자 후속관리하기
			환자 대처상황 기록하기
1203010509_16v2	객실 승무 관리	4	객실 승무원별 근무 배정하기
			운항 · 객실 간 정보 공유하기
			불만 승객 관리하기
			출 · 도착 서류 작성 · 관리하기
			객실 서비스 관리하기
1203010510_16v1	기내 음료 서비스	2	기내 음료 파악하기
			기내 음료 제공하기
1203010511_16v1	항공 서비스 업무 기본	2	항공 서비스 관련 서류 확인하기
			항공 여객 정보 확인하기
1203010512_16v1	항공 기내 방송 업무	3	항공 기내 방송 준비하기
			정상적 상황 방송하기
			비정상 상황 방송하기
			비상 상황 방송하기
1203010513_16v1	고객 만족 서비스	3	서비스 마인드 함양하기
			이미지 메이킹하기
			불만 고객 대처하기
1203010514_16v1	항공 서비스 매너	2	기본 매너 갖추기
			항공 서비스 매너 관리하기

4. 능력 단위: 응급환자 대처

분류 번호: 1203010508_13v1
능력 단위 명칭: 응급환자 대처
능력 단위 정의: 응급환자 대처란 응급환자 발생상황 파악 · 보고, 응급환자 초기 대응, 응급환자 후속관리, 환자 대처상황 기록을 수행하는 능력이다.

능력 단위 요소	수행 준거
1203010508_13v1.1 응급환자 발생상황 파악 · 보고하기	**1.1** 객실 서비스 및 객실 안전 규정에 따라 기내 환자 발생 여부를 파악할 수 있다. **1.2** 객실 서비스 및 객실 안전 규정에 따라 환자에 대한 정보를 신속하게 상급자에게 보고할 수 있다. **1.3** 객실 서비스 및 객실 안전 규정에 따라 환자에 대한 정보를 공유하도록 할 수 있다.
	【지식】 • 환자 증세에 대한 지식
	【기술】 • 상황 보고 능력
	【태도】 • 정확한 태도 • 꼼꼼함 유지 • 세밀한 태도 • 신속한 태도
1203010508_13v1.2 응급환자 초기 대응하기	**2.1** 객실 서비스 및 객실 안전 규정에 따라 응급처치할 수 있다. **2.2** 객실 서비스 및 객실 안전 규정에 따라 환자의 응급 상태를 확인하고, 탑승 의사와 의료진을 신속하게 찾을 수 있다. **2.3** 객실 서비스 및 객실 안전 규정에 따라 응급치료 장비를 탑승 의사의 협조를 구해 활용할 수 있도록 조치할 수 있다.
	【지식】 • 응급환자 대응 매뉴얼 이해 • 응급처치 이해 • 의료 장비 기본 지식
	【기술】 • 응급처치 능력 • 고객 심리분석 능력
	【태도】 • 신속한 태도 • 정확한 태도

능력 단위 요소	수행 준거
1203010508_13v1.3 응급환자 후속관리하기	**3.1** 응급환자 대응 매뉴얼에 따라 응급환자 상태가 악화되지 않도록 관리할 수 있다. **3.2** 응급환자 발생에 따라 일반 탑승자의 쾌적한 여행이 방해되지 않도록 조치할 수 있다. **3.3** 착륙 후 응급환자 대응 매뉴얼에 따라 공항과의 협조체제가 순조롭게 진행될 수 있게 조치할 수 있다.
	【지식】 • 응급환자 응대에 대한 지식
	【기술】 • 응급환자 응대 능력 • 응급환자 관리 능력
	【태도】 • 세심한 태도 • 편안한 태도
1203010508_13v1.4 환자 대처상황 기록하기	**4.1** 객실 서비스 및 객실 안전 규정에 따라 응급환자 발생 시 조치 내용과 상태를 기록할 수 있다. **4.2** 객실 서비스 및 객실 안전 규정에 따라 응급환자 관련 후속 조치 내용을 기록할 수 있다. **4.3** 객실 서비스 및 객실 안전 규정에 따라 응급환자의 공항 인계인수 내용을 기록할 수 있다. **4.4** 객실 서비스 및 객실 안전 규정에 따라 비행 종료 후 환자 조치 내역을 기록하여 회사에 보고하고 향후 환자 관리에 참고가 되도록 할 수 있다.
	【지식】 • 응급환자 기본 조치에 대한 지식 • 메디칼 레코드 이해
	【기술】 • 단계별 구별 기술 • 조치 요약 기술
	【태도】 • 꼼꼼함 유지 • 정확한 태도

항공 생리
Aviation Environment

01 객실 환경(Cabin Environment)
02 신체 반응(Body Reaction)

1

01

객실 환경
Cabin Environment

지상과 달리 항공기가 순항하는 고공의 환경에서는 낮은 기온, 산소, 기압, 습도, 방사선 등 많은 요인이 인간의 신체에 영향을 미칠 수 있다. 그러나 항공공학과 항공전자공학의 발달로 현대의 항공기 객실은 여압장치 및 환기장치 등을 설치해 승객의 신체에 미치는 환경의 영향을 최소화하고 편안한 항공 여행이 될 수 있는 공간으로 설계된다. 이러한 객실 환경은 건강한 일반 승객들에게 미치는 영향이 미미하지만 건강이 좋지 못한 승객에게는 위험을 초래하기도 한다.

1. 기내 온도

승객에게 편안함을 제공하는 중요한 요소인 기내 온도는 일반적으로 24도 내외로 조절된다. 객실 승무원은 기내 온도 조절기(Temperature Control Display)를 통해 비행 중 적절한 온도가 유지되도록 한다. 그러나 승객 개개인은 자신의 체질, 거주 국가의 문화, 건강 상태 등의 이유로 기내 온도를 제각기 다르게 체감

기내 온도 조절 패널

하므로, 승객이 각자의 상황에 맞게 기내 온도를 쾌적하게 느끼도록 온도 조절에 주의를 기울여야 한다. 예를 들어 따뜻한(시원한) 차나 담요 등을 제공하여 승객의 불편을 해소하도록 한다.

2. 상대 습도

객실은 기내 습도가 10~20% 정도로 매우 건조한 편이다. 대기의 수분 함유량은 기온이 낮아질수록 줄어 실제 항공기 순항 고도(Cruising Altitude)에 이르면 거의 없어진다. 종래 항공기의 환기 방식은 항공기 외부의 공기를 유입하여 압축하는 시스템으로 작동하여 습도를 5% 이하로만 유지할 수 있었다. 그러나 최근 대부분의 항공기는 외부 유입 공기와 기내 공기를 재순환시켜 적정 비율로 조절하는 환기 방식을 도입하여 기내 습도를 10~20%로 유지할 수 있다.

비행 중에는 점막과 피부 등이 매우 건조해지기 쉽고, 장시간 비행하다 보면 눈, 코, 입안, 피부 등에 이상 증상이 생겨 불편함을 느끼기도 한다. 따라서 비행 중에는 다음과 같은 방법으로 수분을 충분히 섭취, 보충하여 탈수되지 않도록 한다.

- 생수나 주스 등 음료를 자주 마시면서 수분을 보충한다.
- 알코올, 커피, 홍차 등을 많이 마시면 오히려 몸의 수분을 더 잃게 된다.
- 콘택트렌즈 착용보다 안경 착용 시 눈의 건조나 염증을 예방할 수 있다.
- 피부를 촉촉하게 해 주는 보습제와 워터 스프레이를 사용하는 것이 좋다.

상대 습도

현재 공기에 있는 수증기량과 공기에 최대로 있을 수 있는 수증기량(포화수증기량)의 비를 백분율(%)로 나타낸 것이다. 포화수증기량은 온도에 따라 변하기 때문에 공기에 있는 수증기량이 일정해도 상대 습도는 온도에 따라 달라진다.

순항 고도(Cruising Altitude)

안전하게 비행하기 위해 유지해야 하는 적절한 해발 고도이다. 현대 여객기의 순항 고도는 일반적으로 국내선의 경우 FL220~FL280(고도 22,000~28,000피트), 국제선의 경우 FL260~FL390(고도 26,000~39,000피트)까지 사용한다.

3. 비행 고도와 객실 고도

항공기가 고공에 있을 때 비행 고도를 나타내는 방법은 다음과 같다.

1) 기압 고도(Pressure Altitude)

기압 표준선이자 표준 대기압인 해면(29.92inHg)부터 항공기까지 고도이다. 표준 대기압 고도계로 전이 고도 이상에서 모든 항공기는 이 고도를 기준으로 비행한다.

전이 고도

비행장마다 부근의 기압이 서로 다르기 때문에 항공기의 비행 고도를 통일하기 위해 결정된 고도로, 우리나라의 경우 14,000피트이며 공항마다 상이하다. 통상적으로 비행장 부근에서 가장 높은 장애물, 지형물 실제 높이보다 다소 높은 고도를 전이 고도로 설정한다.

2) 진고도(True Altitude)

항공기로부터 평균 해수면까지의 거리를 의미한다.

3) 절대 고도(Absolute Altitude)

지형부터 항공기까지의 고도로, 전파 고도계도 절대 고도를 지시하는 계기의 일종이다.

4) 밀도 고도(Density Altitude)

기압 고도에서 비표준 온도와 압력을 수정하여 얻은 고도로, 항공기 이륙 및 상승 성능에 직접적인 영향을 미친다. 표준 대기압 상태에서는 기압 고도와 밀도 고도가 일치한다.

5) 객실 고도(Cabin Altitude)

항공기 내의 객실 기압으로 표시되는 고도를 뜻한다. 국제선 비행의 경우 실제 항공기 고도가 34,000피트이지만 여압 장치를 통해 가압을 하기 때문에 객실 고도는 8,000피트 정도로 유지된다. 객실 고도는 백두산 높이의 고도로, 정상인에게는 신체적으로 별다른 이상이 나타나지 않으나, 심장이나 폐질환이 있는 승객에게는 건강 상태의 변화를 초래할 수 있으므로 주의가 필요하다.

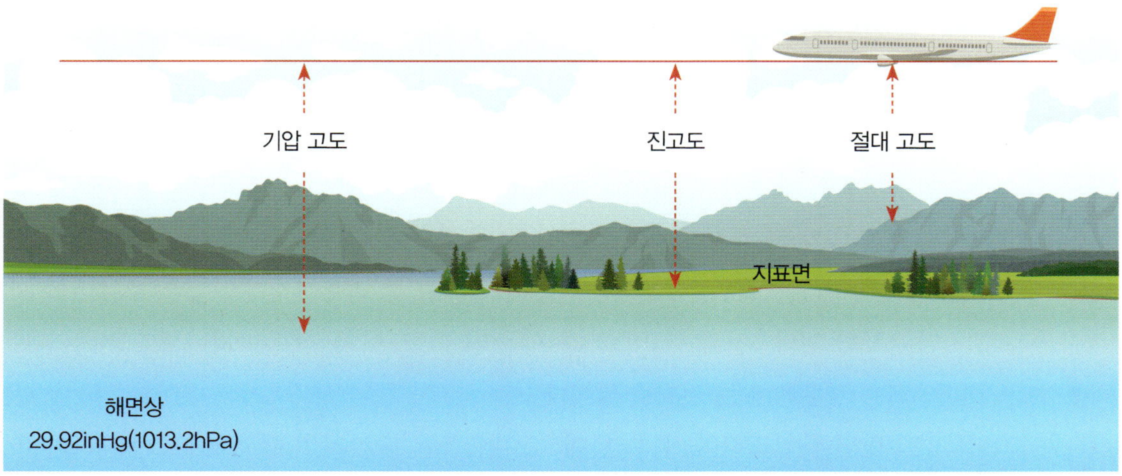

4. 진동과 소음

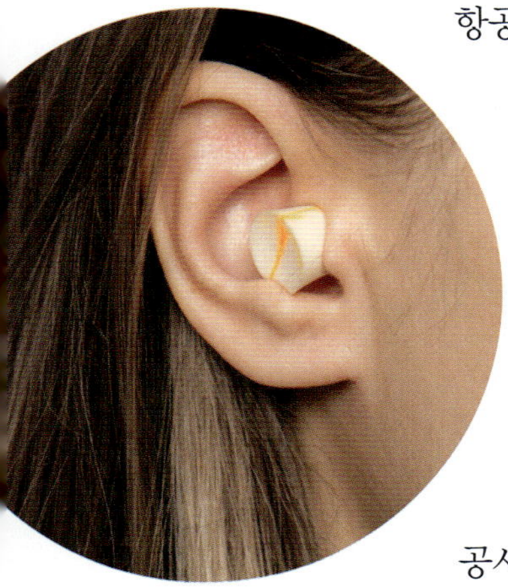

항공기에서는 비행 중 제트 기류(Jet Stream)와 터빈(Turbine-whine), 공기 역학 등 여러 가지 이유로 소음과 진동이 발생하나 방음 처리 장치나 소음 차단 장치로 인해 객실 내로 직접 전달되지는 않는다. 항공기 제작 기술이 발전하고 신형 항공기가 보급됨에 따라 소음과 진동은 예전보다 줄었지만 여전히 구형 비행기에서는 상당량이 발생한다.

비행 중 객실 내 소음은 50~60dB 정도로, 일반적인 대화를 나누는 데는 지장이 없다. 하지만 항공기를 자주 이용하지 않는 승객들은 이러한 소음과 진동 때문에 심리적 안정을 유지하기가 어려울 수 있다. 항공사에 따라서는 승무원에게 요청하면 귀마개를 제공하기도 한다.

5. 비행 동요(Turbulence)

대류권의 공기 흐름(기류)이 예측할 수 없는 불규칙한 난류(亂流)의 형태를 띠는 것을 뜻한다. 난기류는 기상 상황과 고도에 따라 터뷸런스, 윈드시어, 마이크로버스트 등으로 세분화되는데, 이 가운데 가장 일반적인 기류 불안정 상태를 총칭하는 말이 터뷸런스(Turbulence)이고, 좁은 지역에서 단시간에 급격하게 바람 세기나 방향이 변화하는 것을 윈드시어(Wind Shear)라고 하며, 윈드시어 중에서도 낮은 고도에서 적란운에 의해 강력한 하강 기류가 발생하는 것을 마이크로버스트(Micro Burst)라고 한다.

일반적 난기류인 터뷸런스는 고도 및 구름의 위치와 관계없이 항공기가 순항하는 9~12km의 대류권 계면이나 심지어는 성층권에서도 발생하며, 유체 소용돌이의 크기도 작은 것부터 한 지역 전체에 국지적 영향을 미칠 정도의 거대한 규모까지 다양하다. 그러나 현대의 비행기는 웬만한 수준의 돌풍을 받아도 양력을 잃지 않게 설계되기 때문에 높은 고도에서 순항 중인 비행기가 터뷸런스로 실속하는 경우는 드물다. 이를테면 운전 중 과속방지턱을 넘는 수준이라 생각하면 된다. 덜컹거리며 차가 흔들리는 정도이지, 과속방지턱으로 차가 전복되는 경우는 없는 것처럼 말이다.

반면에 윈드시어, 특히 마이크로버스트는 숙련된 비행사에게도 통제하기 어려운 기상 조건으로 자칫 잘못하면 큰 참사를 일으킬 수 있다. 특히 윈드시어를

만나는 시점인 이륙과 착륙 도중에는 약간의 동체 흔들림만으로도 비행기가 활주로를 벗어나거나 지면에 강하게 충돌할 수 있다. 이에 윈드시어가 예상되는 공항은 미리 경보를 발령하고 이륙 직전에 비행기의 이륙 허가를 취소하거나 심한 경우에는 착륙하려던 비행기가 착륙을 포기하고 복행하는 경우도 있다.

비행 중 예기치 않은 기류를 만나 기체의 동요가 생기고 이로 인해 승객이 부상을 입을 수 있으므로, 좌석에 앉아 있을 때에는 항상 좌석벨트를 착용할 것을 권유한다.

6. 객실 여압

항공기가 40,000피트 고도에서 비행 중이라 하더라도 여압 장치에 의해 항공기 객실은 8,000피트(2,438m)에 있는 것과 같은 압력으로 조절되는데, 이를 객실 고도(Cabin Altitude)라고 한다. 기압이 낮아질수록 인체 피로도가 증가하기 때문에 가능한 한 지상 기압을 유지하는 것이 좋다. 하지만 기내 기압을 지상 기압으로 맞추지 않는 이유는 항공기 자체가 지닌 한계 때문이다. 기내를 지상 기압으로 유지하면서 30,000~40,000피트 상공을 비행하려면 항공기 구조를 현행보다 몇 배 더 강한 고강도로 설계해야 한다. 하지만 이런 설계는 비용 대비 효율성이 떨어지기 때문에 지상 기압보다 낮기는 하지만 사람들이 생활하기에 무리가 없는 기압인 8,000피트를 유지하도록 설계하는 것이다. 8,000피트 기압은 우리나라 백두산 정상의 기압과 비슷하다.

또한 8,000피트 객실 고도를 선정하는 의학적 근거는 건강 상태가 양호한 탑승객의 경우 혈중 헤모글로빈의 산소 포화도가 일반적으로 90% 이상으로 유지되는 헤모글로빈 해리 곡선을 토대로 한다. 기압의 상대적 감소로 가벼운 저산소증과 빈혈이 유발될 수 있으며, 심장 질환, 폐 질환이 있는 탑승객들은 기압 감소로 건강한 사람들보다 더 큰 영향을 받는다.

비행기 이착륙 시 기압 변화 때문에 귀가 먹먹해지는 경우, 다음과 같은 방법으로 증상을 완화할 수 있다.

- 가볍게 하품을 하거나 물을 마신다.
- 입을 다물고 코를 막은 후 볼을 부풀려 빵빵해지게 한다.
- 어린이에게는 먹을 것을 주거나 우유병을 물린다.

7. 객실 환기

승객들의 쾌적하고 편안한 여행을 위해 항공기에서는 환기장치를 가동하여 오염된 공기를 제거하고 맑은 공기를 공급하며, 이런 장치를 통해 보통 3~4분 간격으로 기내 공기를 완전히 교체한다. 항공기에서 사용되는 환기 시스템은 다음의 두 가지 방식으로 작동한다.

첫째, 엔진에서 발생하는 매우 뜨거운 공기가 기내에 유입되기 전에 냉각기를 통과한다. 둘째, 기내에 유입된 공기는 사용된 후 유출 밸브를 통과해 나가고 외부에서 들어오는 신선한 공기로 공기 정화기에 의해 대체된다. 현재 상용되는 항공기의 재순환 공기 사용과 외부 공기 유입의 비율은 일반적으로 약 50:50이다.

재순환되는 공기를 사용하는 것이 인체에 미칠 영향을 우려할 수도 있으나, 최신의 기술로 만든 헤파(HEPA, High Efficiency Particulate Air) 필터라는 여과장치가 직경 0.003mm 이상의 이물질을 99.9% 이상 거의 완벽하게 걸러 내기 때문에 안심할 수 있다. 이는 일반 가정에서 먼지, 담배 연기, 박테리아, 거의 모든 바이러스를 걸러 내고, 병원의 수술실 정도에 해당하는 수준이다. 따라서 항공기의 재순환된 공기는 외부 공기보다 더 깨끗하다고 할 수 있다. 신선한 공기는 위에서 아래로 흐르는 에어 커튼 방식으로 이동하므로 승객들은 항상 신선하고 깨끗한 공기만 접하게 된다.

예를 들어 대한항공의 보잉 787-9 기종에는 필터가 3개 설치되는데, 화물칸

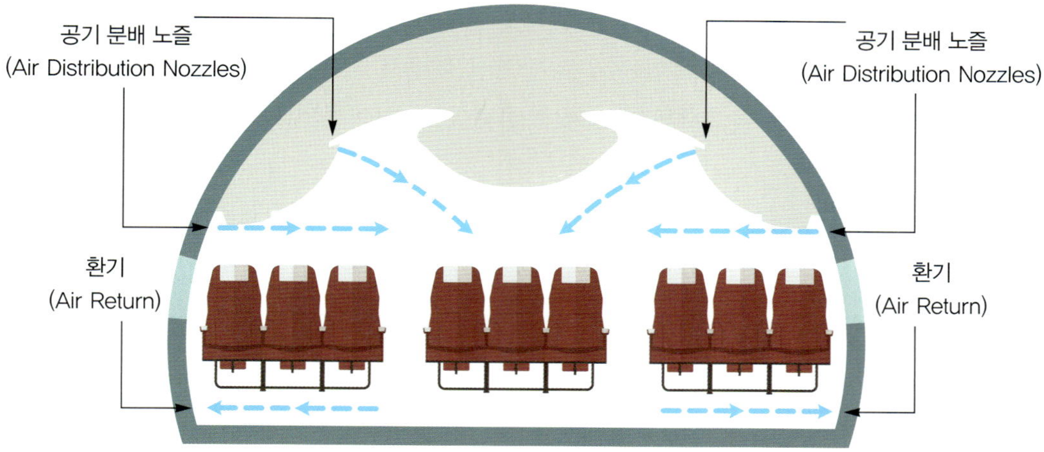

(출처: IATA Medical Manual 12th, 2020)

항공기 내 공기순환 방식

벽 내부, 기내 천장, 바닥 하부에 위치하여 승객들의 눈에 띄지는 않는다. 박테리아, 바이러스, 곰팡이를 제거하는 헤파 필터 1개와 이 기능에 악취, 오염된 기체 물질 등을 차단하는 기능까지 추가된 기체 필터(Air Purification Filter) 2개를 설치하여 이중 필터로 거른 기내 공기를 공급한다.

항공기 내에서 공기 재순환의 이점은 외부 공기 유입보다 상대 습도가 다소 높다는 점이다. 장거리 비행을 하다 보면 시간이 갈수록 피부가 가렵고 죄이는 느낌을 받게 되는데, 이는 상대 습도가 낮아지면 피부 표면이 건조해지기 때문에 생기는 현상이다. 그러므로 생수를 자주 마셔 수분을 보충하고 피부에 수분 크림을 덧발라 주어 피부 건조를 방지하는 것이 바람직하다.

이 밖에도 오존 컨버터(Converter)가 대기 상층부에서 자연적으로 발생하는 오존을 산소로 변환하여 객실에 공급하는 등 항공기 내의 다양한 장치들이 기내 공기를 쾌적하고 편안하게 유지해 준다.

8. 우주 방사선

우주 방사선은 우리가 일상생활에서 늘 접하는 자연 방사선 중 하나로 '먼 우주로부터 초신성 폭발 시 발생하는 방사선'과 '태양으로부터 발생하는 방사선' 두 가지를 말한다. 평상시에는 먼 우주에서 발생하는 방사선이 우주 방사선의 대부분을 차지하는데, 이 방사선이 지구로 유입되는 것을 차단하는 것이 태양 방사선이다. 지구로 유입된 우주 방사선은 다시 지구 자기장과 지구 대기권이라는 차단막을 통과하면서 크게 약화되고, 소량의 방사선만이 지상에 도달하게 된다.

미국 연방항공청과 학계의 연구 결과에 따르면, 항공 여행 중 일반 승객에게 노출되는 우주 방사선량은 건강에 미치는 영향이 대단히 미미하며, 우려할 만한 수준이 아니다. 일반인이 일상생활을 통해 노출되는 방사선의 연간 총량은 미국인의 경우 약 0.95밀리시버트로 조사되었는데, 이중 우주 방사선은 전체의 약 9%(0.27밀리시버트)를 차지했다. 이 정도의 방사선량은 일반인의 생활 건강에서 기본 수준으로 간주되는 양이다.

항공 여행 중 신체는 얼마나 많은 우주 방사선량에 노출될까?

항공 여행 중에는 운항 시 위도 및 고도, 비행 시간에 따라 또 비행 당시 태양 활동으로 인한 태양 방사선의 수준이 어떤가 등에 따라 비행 중에 노출되는 우주 방사선량이 다르다. 지구상에서 지구 자기장의 보호막이 가장 약한 지역은 북극, 남극 지역이며, 적도로 갈수록 보호막이 강화된다. 따라서 고위도 지역을 비행할수록 우주 방사선의 차단 효과가 약화되어 더 많은 우주 방사선량에 노출된다. 또한 고도가 높으면 대기층의 우주 방사선 차단 효과도 감소하여 우주 방사선 노출량이 상승한다.

일반적으로는 장거리 비행 시엔 시간당 약 0.004~0.005밀리시버트, 단거리 비행 시엔 시간당 0.001~0.003밀리시버트 정도의 우주 방사선에 노출되는 것으로 알려져 있다. 우리가 병원에서 진찰받을 때 흔히 찍는 엑스레이 촬영 1회 시 노출되는 방사선량이 약 0.02~0.04밀리시버트인데, 이는 서울-제주 구간을 약 10~20회 왕복 여행하는 동안 노출되는 방사선량과 맞먹는다. (미국, 유럽 등과 같이 10시간 이상의 장거리 항공 여행이라면 엑스레이 촬영 1~2회 방사선 노출량과 비슷하다.)

02

신체 반응
Body Reaction

1. 혈액순환

장거리 비행 시 좁은 공간에서 오랫동안 한 자세로 앉아 있다 보면 혈액순환이 원활하지 않을 수 있다. 특히 심장 질환, 말초혈관 질환이 있거나 근골격계 질환이 있는 경우, 기내에서 손, 발, 허리, 목 등을 가볍게 풀어 주거나 마찰을 해 주는 것이 좋다.

2. 비행 멀미

안정적인 지면에 맞춰져 있던 몸의 균형감각이 흔들리는 비행기에 적응하는 과정에서 오심, 구토, 창백, 오한 등의 증상이 나타난다. 머리를 고정하고 가까이 있는 사물을 응시하지 않도록 한다. 필요 시 기내에 탑재된 멀미약을 복용한다.

© izusek / iStock / Getty Images Plus

3. 시차 변화

장거리 비행의 경우 여러 시간대를 지나면서 현지 시간과 신체 생리적 시간의 부조화로 생체 리듬이 무너져 전반적인 정신, 신체 기능이 저하될 수 있다. 이를 극복하기 위해서는 목적지 도착 후 운동하기(잠자리에 들기 전 1시간 정도의 운동), 기내에서 과도한 수면 자제하기, 기내 식사는 간단하게 하기, 햇빛을 많이 쬐기 등을 실천해야 한다. 또한 비행 전날 취침 시 동쪽 방향으로 여행하는 경우에는 평소보다 조금 일찍, 서쪽 방향으로 여행하는 경우에는 평소보다 조금 늦게 자는 것이 시차증후군 예방에 도움이 된다.

생체 리듬(Circadian Rhythm)

생체의 기능은 각기 특이한 리듬을 띠는데 명암(낮과 밤)의 변화에 따라 대부분 결정된다. (시차 등으로) 일정한 리듬이 무너지면 생체 리듬은 장애를 받게 된다.

잠깐! 점검해 볼까요?

01 객실 환경

1. 객실 환경을 지상 환경과 다르게 만드는 요인은 무엇인가?

2. 객실 고도란 무엇인가?

3. 객실 환기 시스템에 대해 정리해 보시오.

4. 비행기 이착륙 시 기압 변화로 귀가 먹먹할 때 할 수 있는 조치사항을 정리해 보시오.

02 신체 반응

1. 기내에서 혈액순환을 원활하게 하기 위해 할 수 있는 일은 무엇인가?

2. 시차 변화를 완화 또는 극복하기 위해 취할 수 있는 방법을 정리해 보시오.

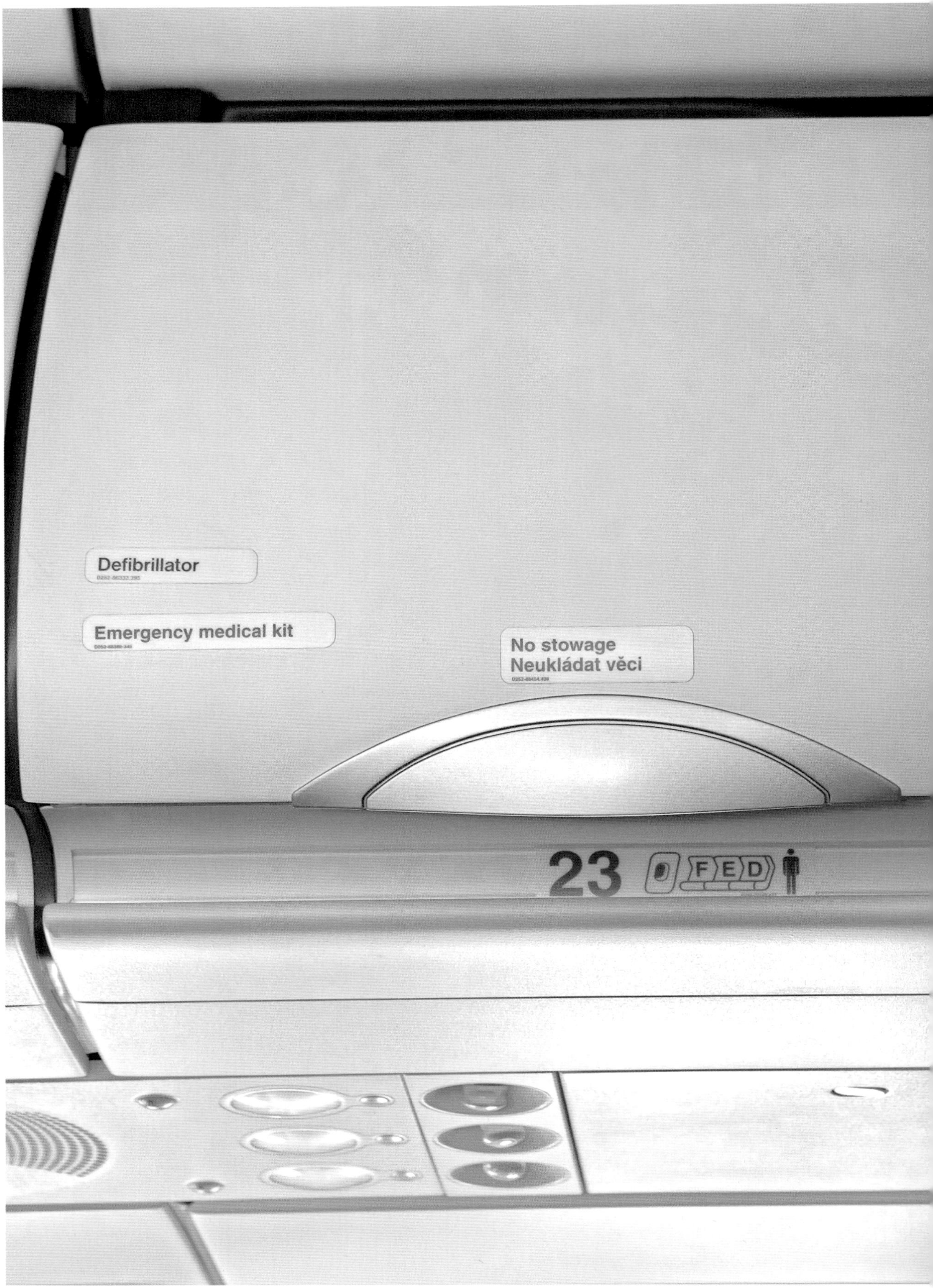
Defibrillator
Emergency medical kit
No stowage
Neukládat věci
23
F E D

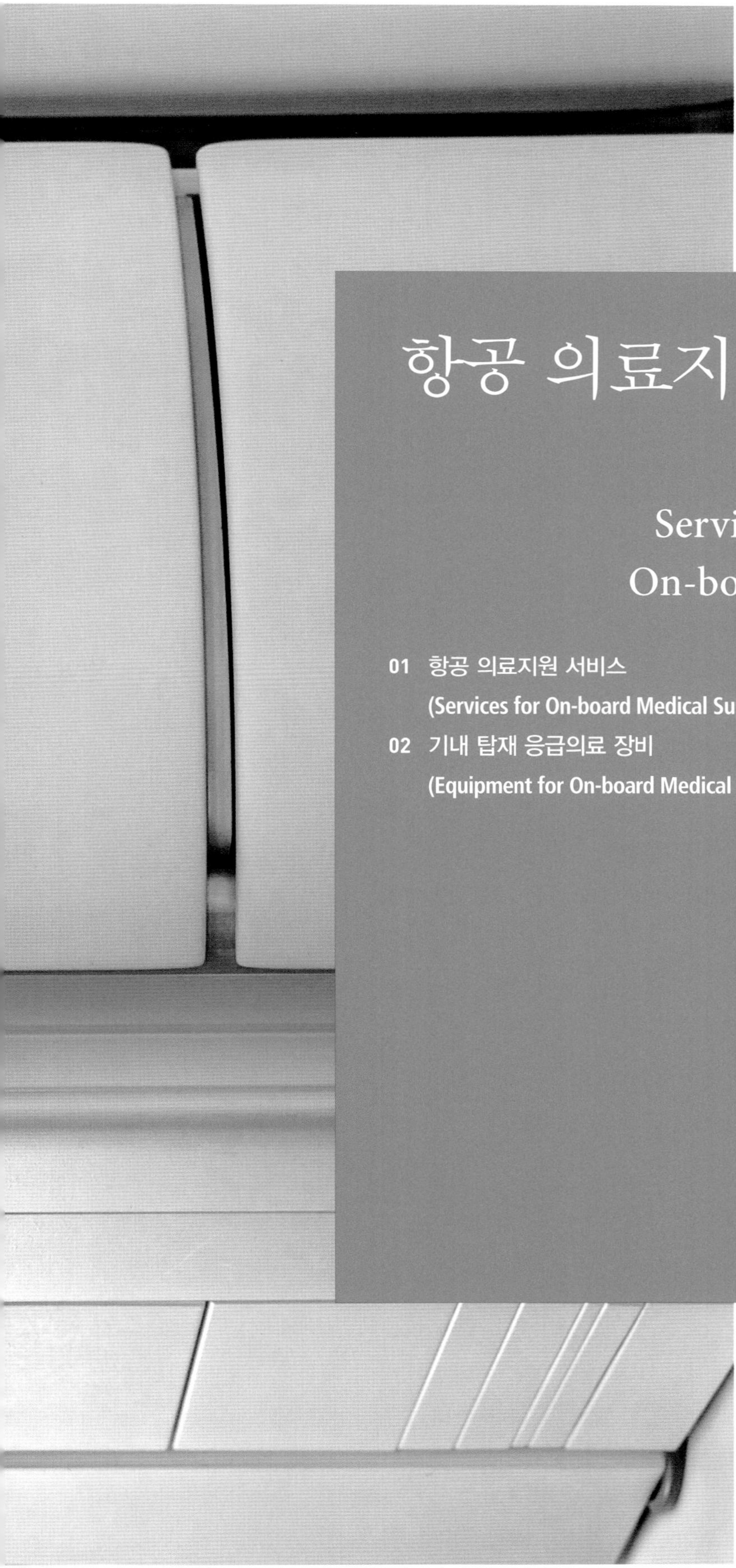

항공 의료지원 서비스 및 장비

Services & Equipment for On-board Medical Support

01 항공 의료지원 서비스
(Services for On-board Medical Support)

02 기내 탑재 응급의료 장비
(Equipment for On-board Medical Support in Emergency)

2

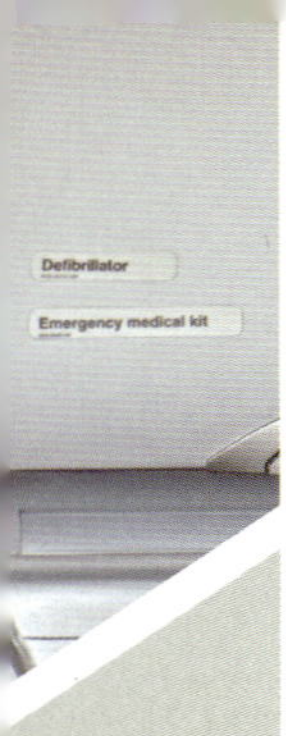

01

항공 의료지원 서비스

Services for On-board Medical Support

항공 여행이 보편화됨에 따라 많은 관광객이 항공 여행을 하고, 고령 승객과 병약 승객의 탑승 비율도 점차 늘고 있어 이에 따른 운항 중 응급환자 발생 비율도 증가할 것으로 예상된다. 따라서 항공사에서는 비행 중 승객에게 발생할 수 있는 여러 상황에 대비하여, 기내 응급의료 장비를 구비하고 항공 의료지원 서비스를 제공하고 있다.

의학적 도움이 필요한 승객은 항공사에 사전 요청하거나, 비행 중 승무원에게 요청하면 도움을 받을 수 있다. 기내 응급의료 장비는 객실 승무원이 사용 가능한 FAK부터 전문 의료인이 사용할 수 있는 EMK까지 매우 다양하게 비치된다.

다음 사항 중 하나라도 해당하는 경우, 승객은 '항공 운송을 위한 의사 소견서(MEDIF, Medical Information Form)'를 제출해야 한다.

- 정상 좌석을 사용할 수 없거나, 비행 중 산소 공급, 주사 투여 등의 의학적 처치가 필요한 경우
- 최근 외상 및 수술 경험이 있는 경우
- 중대 질병이나 전염성 질환이 있는 경우

1. 휠체어 서비스

항공사는 장애, 질병, 고령 등 신체적, 건강상의 이유로 거동이 불편한 승객에게 휠체어 서비스를 제공한다. 탑승 수속부터 탑승하여 착석까지 전담 직원이 보조하고, 목적지 공항 도착 후에는 터미널 내 도착장까지 이동을 돕는다.

항공 운송을 위한 의사 소견서(MEDIF)

1 환자 성명 / 나이 / 성별(M/F) / 신장 cm / 체중 kg

2 항공운송 사유

☐ Treatment/Transfer ☐ Hopeless Discharge ☐ Discharge ☐ Travel ☐ Other ( )

※ 주증상 및 현병력에 대해 자세히 작성하여 주시기 바랍니다.

3 진단명 ______________________

____

a. 주증상 ______________________ 발병일 __________

b. 현병력 ______________________

____

____

c. 치료 ______________________

d. 최근 수술 여부 ☐ 예 ☐ 아니오

수술명 ______________________ 시행일 __________

수술후 합병증 ☐ 예 ☐ 아니오 '예'일 경우, 구체적으로 기재 __________

e. 최근 입원치료 여부 ☐ 예 ☐ 아니오

입원일 __________ 퇴원일 __________ 사유 __________

f. 전염력 ☐ 예 ☐ 아니오('예' 선택시 원인균 및 검출부위 :)

4 활력징후 BP / mmHg, PR /min, RR /min, BT ℃, SpO_2 %

의식상태 ☐ Alert ☐ Drowsy ☐ Stupor ☐ Semi-coma ☐ Coma

5 기저질환 ☐ 예 ☐ 아니오 '예'일 경우, 구체적으로 기재 __________

승객의 기저질환 조절 여부 ☐ 예 ☐ 아니오

6 정상 좌석 가능 여부

a. 스스로 거동 가능 ☐ 예 ☐ 아니오

b. 휠체어 필요 여부 ☐ 예(☐ 항공기까지 ☐ 좌석까지) ☐ 아니오

c. 필요한 좌석 형태 ☐ Economy class ☐ Prestige class ☐ Stretcher

* Economy class : 장시간 앉을 수 있고, 좌석등받이를 90도로 세울 수 있는 경우

* Prestige class: 장시간 앉아 있기 어려우나, 필요 시 좌석등받이를 90도로 세울 수 있는 경우

* Stretcher: 좌석등받이를 90도로 세울 수 없는 경우

7 동반자 필요 여부

a. 항공기 여행시 동반자 필요 여부 ☐ 예(☐ 의사 ☐ 간호사 ☐ 가족 ☐ 기타) ☐ 아니오

* 스스로 거동 불가한 경우 도움을 줄 수 있는 보호자, 의학적 처치가 필요한 경우 의료진 동반이 필요합니다.

8 현재 의약품 사용 여부(☐ 예 ☐ 아니오)

a. '예'일 경우, ☐ 경구약 ☐ 정맥/근육 주사 ☐ 기타 __________

b. 의약품 목록 ______________________

c. 기내에서 환자 소지 의약품 사용 여부 ☐ 예 ☐ 아니오

출처: 대한항공 홈페이지 양식 재구성(https://www.koreanair.com/kr/ko)

항공 운송을 위한 의사 소견서(MEDIF)

9 비행 중 사용할 의료장비(해당 사항 있을 경우에만 표기)

☐ IV line ☐ Foley catheter ☐ Nasogastric tube ☐ Oximeter

☐ Ventilator(Mode, TV, RR, FiO_2) ________________ ☐ BP monitor

☐ Suction kit ☐ Tracheostomy ☐ Intubation ☐ Chest tube

☐ Infusion pump ☐ Nebulizer ☐ Splint/Cast ☐ Other (   )

* ○○항공에서는 산소/Stretcher 이외 의료장비는 제공하지 않습니다.
* Ventilator 사용시 ○○항공 제공 의료용 산소와 연결 가능한지 확인이 반드시 필요합니다.
* 기내 사용 전기 의료장비는 반드시 Battery type으로 사전에 준비되어야 합니다.
* IV 수액은 Plastic bag type으로 준비되어야 하며, 의료진 동반이 필요합니다.

---

10 빈혈(☐ 예 ☐ 아니오)

a. Hgb ____________________ g/dl

* Hgb 8.5g/dl 미만인 경우 산소 사용을 권고합니다.

---

11 비행 중 산소 필요 여부(☐ 예 ☐ 아니오)

a. 지상산소 필요 여부 ☐ 예 ☐ 아니오

b. 기내 산소 제공 Type ☐ ○○항공 산소 ☐ Portable Oxygen Concentrator(승객 준비)

c. 필요한 산소 용량 ________ L/min ☐ Continuous ☐ Intermittent ☐ Prepare

d. 마스크 타입 ☐ Nasal cannula ☐ Facial mask ☐ Bag valve mask

☐ Reservior oxygen mask ☐ Other (   )

* ○○항공 산소는 2~8L/min 제공 가능합니다.

---

12 호흡기계 질환(☐ 예 ☐ 아니오)

a. 최근 상태 악화 여부 ☐ 예 ☐ 아니오

b. 호흡곤란 여부 ☐ 예 ☐ 아니오

c. ABGA 시행일 ______ PH ______ PCO_2 ______ PO_2 ______ SaO_2 ______%

(검사시 산소 공급 여부 ☐ 예 _____L/min ☐ 아니오)

d. O_2 Saturation 시행일 ________ 결과 ________%

(검사시 산소 공급 여부 ☐ 예 _____L/min ☐ 아니오)

e. 증상 없이 정상속도로 100미터를 걷거나 1층 계단을 오를 수 있는지 여부 ☐ 예 ☐ 아니오

f. 흉부 방사선 검사 (X-ray, CT 등) 시행일 __________ 결과 ________________________

---

13 심장 질환(☐ 예 ☐ 아니오)

a. 마지막 episode 일자 ________________________________

b. Stable condition ☐ 예 ☐ 아니오

c. 약물복용으로 증상 조절 여부 ☐ 예 ☐ 아니오

d. Functional class (NYHA class) ☐ Class Ⅰ ☐ Class Ⅱ ☐ Class Ⅲ ☐ Class Ⅳ

e. 마지막 EKG 시행일 ________ 결과 ________________________

f. Echocardiogram 시행일 ________ 결과 ________________ EF: ________%

g. Angioplasty/Coronary bypass 시행일 ________ 결과 ________________________

출처: 대한항공 홈페이지 양식 재구성(https://www.koreanair.com/kr/ko)

항공 운송을 위한 의사 소견서(MEDIF)

14 뇌혈관 질환(허혈성 뇌졸중, 뇌출혈 등 / □ 예 □ 아니오)

a. 최근 상태 재발, 악화 여부　□ 예　□ 아니오

b. Brain CT/MRI　시행일 ________　결과 ________________

c. Motor power grade (R/L)　Upper extremity　/　Lower extremity　/

* Stroke 발생 2주 이내인 경우 기내 산소 공급을 권고합니다.

15 부상(□ 예 □ 아니오)

a. 원인　□ 교통사고 □ 낙상 □ 화상 □ 기타

b. Traumatic brain injury　□ 예　□ 아니오　'예'일 경우, 구체적으로 기재 ________

c. Brain CT/MRI　시행일 ________　결과 ________________

d. Internal organ injury　□ 예　□ 아니오　'예'일 경우, 구체적으로 기재 ________

e. Thoracic/Orthopedic injury(fracture)　□ 예　□ 아니오　'예'일 경우, 구체적으로 기재 ________

16 정신과적 질환(□ 예 □ 아니오)

a. 기내에서 증상이 일어날 가능성　□ 예　□ 아니오

b. 자해/타해 가능성　□ 예　□ 아니오

c. 복용약으로 조절가능 여부　□ 예　□ 아니오

17 뇌전증(발작)(□ 예 □ 아니오)

a. Seizure type ________________

b. Frequency/Duration ________________

c. 마지막 Seizure 발생일 ________________

d. 복용약으로 조절가능 여부　□ 예　□ 아니오

18 암(□ 예 □ 아니오)

a. 진단명, 병기(Stage) ________________

b. Chemotherapy/Radiotherapy 시행 여부　□ 예　□ 아니오　'예'일 경우, 시행일 ________

c. 타 기관 전이 여부　□ 예　□ 아니오　'예'일 경우, 전이부위 ________

d. 통증 조절 여부　□ 예　□ 아니오　통증조절 방법 ________

19 DNAR(Do Not Attempt Resuscitation) 여부(□ 예 □ 아니오)

20 이상의 내용을 토대로 승객의 항공기 탑승 여부 적합성

□ 적합　□ 부적합　'부적합'하다면 사유 ________________

기타 의견(호송시 주의 사항 등)

____

동 양식은 ○○항공 의료진에 의해 검토되며, 필요 시 추가 정보 확인을 위해 주치의께 연락할 수 있으니 연락 가능한 연락처를 작성해 주시기 바라며, 모든 항목을 빠짐없이 정자로 작성 부탁드립니다.

주치의　성명 ________　면허번호 ________　전문과 ________

전화번호 ________　E-mail ________

작성일 ________　병원명 및 직인 ________

출처: 대한항공 홈페이지 양식 재구성(https://www.koreanair.com/kr/ko)

운송 직원이 휠체어 승객의 이동을 도와주는 모습

휠체어 서비스는 미리 신청한 승객에게 우선적으로 제공되므로 사전 예약을 해야 한다. 또한 항공기에는 기내 전용 휠체어(On Board Wheelchair)가 탑재되어 기내에서 이동할 때 휠체어가 필요한 승객은 사전 예약을 통해 이용할 수 있다.

승객 소유의 휠체어와 보행을 위한 보조기구는 지상에서 무료로 운송해 준다. 그러나 휠체어 크기가 122cm(폭)×84cm(높이)를 초과하면, 소형 기종(B737 등)에서는 배터리 분리 등 항공사의 추가 조치가 필요하여 탑재하기 어려울 수 있으므로 예약 시 사전에 문의해야 한다. (전동 휠체어 본체 승객의 편의를 위해 일부 기종의 모든 통로 측 좌석을 우선 배정한다. 일부 기종에서는 팔 받침대가 뒤로 젖혀져 이동하기 쉬운 장애인 좌석을 운영하므로 이를 안내한다.)

2. 의료용 산소 서비스

심한 빈혈 환자, 최근 수술을 받은 환자, 심혈관계 · 호흡기계 질환이 있는 환자 등 산소 지원이 필요한 승객은 기내에서 산소 공급 서비스를 받을 수 있다. 항공사에서는 기내에 탑재 가능한 의료용 산소를 비치하므로, 주치의와 상담 후 산소 공급이 필요하다고 판단될 경우에는 예약 시 '특수고객 운송 신청서'와 '항공 운송을 위한 의사 소견서'를 제출한다. (항공사 홈페이지에서 다운로드할 수 있다.)

기내 산소통 사용 시 통당 국내선은 5만원, 국제선은 USD 100 정도의 비용이 든다(대한항공 기준). 기내 산소 공급은 항공사의 산소 보유량에 따라 예약이 조절되므로 반드시 산소 제공 가능 여부를 사전에 확인해야 한다.

기내에서 사용할 보조 호흡장비인 휴대용 산소 발생기(Portable Oxygen Concentrator, POC)가 필요하면 출발 48시간 전까지 예약해야 한다. 그리고 승객 개인 소유의 POC를 사용하려면 미국 연방항공청(Federal Aviation Administration, FAA) 또는 해당 국가의 요구조건을 충족하는 테스트 결과 증명 라벨이 부착되고 총 비행시간의 150% 이상에 해당하는 충분한 양의 배터리를 준비해야 한다. POC를 사용하려는 승객은 예약 접수 시 '항공 운송을 위한 의사 소견서(POC)'를 제출해야 한다. FAA 규정에 의거하여 비상구, 타 승객의 탈출을 방해하는 좌석, 벽을 마주보는 좌석(Bulkhead) 등에는 배정이 제한될 수 있으며, 안전을 위해 기내 전원을 사용할 수 없고, 건식/160wh 이하 리튬 배터리 타입 장비만 사용할 수 있다.

기내 비치용 산소통

3. 의료용 침대 서비스

의학적 도움이 필요한 승객이 안전하고 편안하게 항공 여행을 할 수 있도록 항공사에서는 의료용 침대(Stretcher)를 제공한다. 의료용 침대란 기내에서 앉은 자세로 여행할 수 없는 승객을 위해 승객 좌석을 2개씩 3열(총 6석)로 이어 붙여 승객이 누울 수 있게 설치한 간이침대이다. 승객의 프라이버시 보호와 다른 승객들에게 미치는 영향을 최소화하기 위해 침대 주위에 커튼을 설치한다. 여행 중 의사 또는 간호사 1명 동반이 원칙이나 진단서에 의료진 동행이 불필요하다고 명기된 경우에는 성인 보호자만으로도 여행이 가능하다.

의료용 침대를 사용하려면, 예약 시 출발일 기준으로 10일 이내에 전문의가 작성한 '항공 운송을 위한 의사 소견서'를 제출한 후 탑승 가능 여부를 확인해야 한다. 항공사마다 상이하지만 보통 의료용 침대는 국제선에서는 항공기 출발 72시간 전(다른 항공사 연결편이 포함된 경우에는 출발 7일 전)까지, 국내선에

항공 운송을 위한 의사 소견서(POC)

PHYSICIAN'S STATEMENT for Portable Oxygen Concentrator (POC) use during ○○ Flight.

이동식 산소 발생기(POC)는 **미연방항공규정(14 CFR Part382)**에 의거하여 기내 사용이 허용됩니다. 이동식 산소 발생기(POC) 관련 아래 표의 안내를 참고하시기 바랍니다.

PHYSICIAN'S STATEMENT	**예약된 항공기 출발 최소 48시간 전 ○○항공 서비스센터로 접수가 필요합니다.** 작성된 서식은 항공여행 중 소지하시고 직원의 요청 시 제시하여 주십시오. 만약, 건강상태에 변화가 있거나 POC의 사용상에 변경사항이 있는 경우에는 주치의에 의해 재작성이 필요합니다.
이동식 산소 발생기 (POC)	**미연방항공규정(14 CFR Part121)**에 명시된 미연방항공청(FAA)의 승인 기준을 충족하는 기기에 한하여 비행 중 사용이 허용되며, FAA 승인된 모델명은 당사 홈페이지에서 확인 가능합니다. 기기의 정상 작동 및 배터리 준비 등에 문제가 있는 경우, 이에 대한 책임은 승객에게 있으며 배터리를 포함한 기기는 기내 휴대 수하물로 탑재되고 위탁 수하물로는 처리가 불가합니다. (이동식 산소 발생기와 배터리는 규정된 휴대 수하물 무게 및 개수에서 제외됨)
배터리	최대 비행 시간의 150% 이상 사용 가능하도록 준비되어야 하며, 외부 손상이나 전기 합선으로부터 보호될 수 있도록 별도 포장하여 보관합니다.

※ 아래는 승객의 주치의에 의해 작성되어야 합니다.

기내 기압은 지상 8000ft의 기압과 비슷하여 지상 대비 산소 분포가 25~30% 낮음을 참고하여 작성 바랍니다.

승객 성명 : ______________ **생년월일 :** ______________ **성별 : 남 / 여**

건강상태

1. **진단명 :** ______________ **발병일 :** ______________
2. **본인은 상기 승객을 진료하고 있으며, 승객의 현재 건강 상태는 항공여행이 가능합니다** □ 예 □ 아니오
3. **최근 1개월 내 건강상태 악화 유무** □ 유 □ 무
   만약 '예'라면, 구체적으로 기재 : ______________
4. **POC 외 항공여행을 위해 소지해야 하는 의료장비 유무** □ 유 □ 무
   만약 '예'라면, 구체적으로 기재 : ______________

이동식 산소 발생기(Portable Oxygen Concentrator, POC) 사용

1. 현재 지상에서 사용 유무 □ 유, ________년간 □ 무
   만약 사용한다면, □ Continuous □ Intermittent, ____________(LPM/Pulse)
2. 이전 항공여행 중 사용 경험 유무 □ 유, ________년간 □ 무
   만약 있다면, 문제 또는 증상 악화가 발생한 적이 있습니까? ______________
3. 사용자가 기기의 소리/빛 등의 경고에 반응하여 적절한 조치를 취할 수 있습니까? □ 예 □ 아니오
   만약 불가능하다면, 승객은 경고 반응에 적절한 조치가 가능한 보호자를 동반하여야 합니다.
4. 항공여행 시 사용 계획
   - POC Model : ______________
   - POC Setting □ Pulse Flow Mode, ________setting □ Continuous Flow Mode, ________LPM
   - POC 사용 : **기내** □ Continuous □ Intermittent / **지상** □ Continuous □ Intermittent

주치의 성명 : ______________ **소속 :** ______________
전화번호 : ______________ **E-mail :** ______________
작성일 : ______________ **주치의 서명 :** ______________

출처: 대한항공 홈페이지 양식 재구성(https://www.koreanair.com/kr/ko)

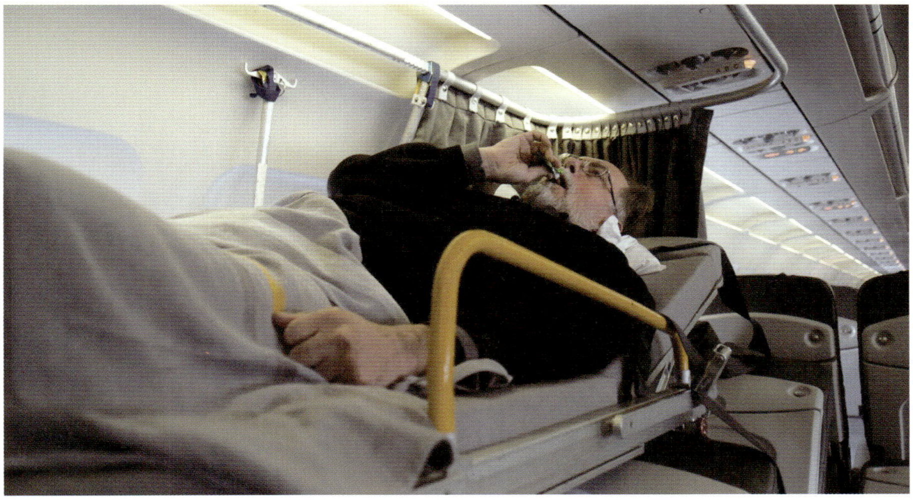

© Melbye / iStock / Getty Images Plus

의료용 침대(Stretcher)

서는 항공기 출발 48시간 전까지 예약해야 한다. 일반석 좌석 6개를 사용하여 침대를 장착하므로 정상운임의 6배를 지불해야 한다.

4. 임산부 서비스

항공사는 임신 중인 승객이 편안하고 안전하게 여행할 수 있도록 세심한 서비스를 제공한다. 임신 주수에 따라 항공기 탑승을 위한 인가 기준이 다르므로 사전 확인은 필수이다.

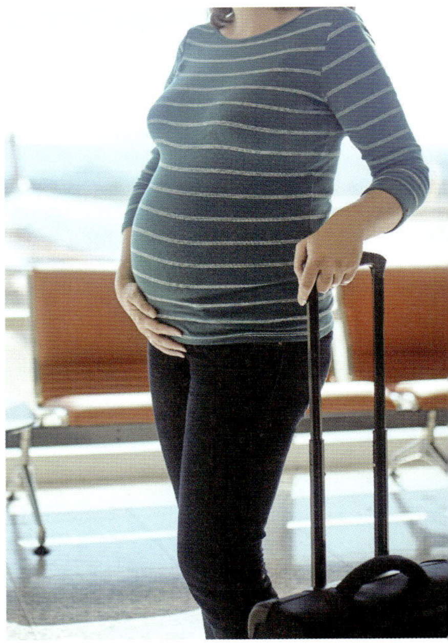

1) 임신 32주 미만

제한 없이 자유롭게 여행할 수 있다. 단, 임신성 고혈압, 당뇨 등 합병증이 있는 임신부는 탑승 수속 시 의사 진단서 및 건강상태 서약서를 제출해야 한다.

2) 임신 32주 이상

- 32~36주: 탑승 수속 시 건강상태 서약서 제출이 필요하다.
- 37주 이상(다태 임신 시 33주 이상): 임신부와 태아의 건강을 위해 탑승할 수 없다.

5. Special Meal 서비스

건강상의 이유로 일반 기내식을 섭취하기 어려워 특별한 식단이 요구되는 승객에게 의학적, 영양학적 지식을 바탕으로 요리한 식사 조절식이 제공된다. 항공사마다 상이하지만, 보통 최소 항공기 출발 24시간 전에 예약하도록 되어 있다.

Special Meal 종류

종류	의미
LFML (Low Fat Meal)	• 저콜레스테롤, 저지방 기내식 • 동맥경화증, 심장병, 고지혈증, 비만 등 성인병 환자를 위한 식사 • 음식 조리 시 기름에 튀기거나 볶는 대신 찌거나 굽는 방법 이용
DBML (Diabetic Meal)	• 당뇨식 • 열량, 단백질, 지방, 당질의 섭취량을 조절한 식사 • 식사량의 배분, 포화 지방산의 섭취 제한 등을 고려
LCML (Low Calorie Meal)	• 저열량식 • 다이어트 등의 이유로 열량을 400칼로리 미만으로 제한
LSML (Low Salt Meal)	• 저염식 • 심장병, 고혈압 환자용 식사 • 소금 및 소금이 함유된 제품의 사용을 금지
BLML (Bland Meal)	• 유동식 • 수술 후 회복 중이거나 위장장애가 있는 승객을 위한 기내식 • 일반적으로 죽을 제공
GFML (Gluten Intolerant Meal)	• 식재료의 글루텐 함유를 엄격히 제한하는 기내식 • 글루텐 함량이 높은 보리, 밀, 호밀, 맥아, 귀리 등을 대신해 쌀이나 감자, 고구마, 옥수수, 콩 등의 재료를 사용
NLML (Low Lactose Meal)	• 유당 제한식 • 우유에 함유된 유당을 소화하는 데 장애가 있는 승객을 위한 기내식 • 우유, 크림, 분유 등을 엄격히 제한

© Sorbis / Shutterstock.com

LFML(Low Fat Meal)

02

기내 탑재 응급의료 장비

Equipment for On-board Medical Support in Emergency

대부분의 항공사에서는 기내에서 발생할 수 있는 응급환자 처치 및 기내에서 의료인에게 도움 요청 시 전문적인 치료가 가능하도록 다양한 의약품 및 의료 기구를 탑재하여 운영한다. 우리나라 항공법에는 FAK(First Aid Kit)를 의무적으로 탑재하도록 명시되어 있다.

1. FAK(First Aid Kit)

항공법(법 41조 및 시행규칙 125조)에 의거하여 일반 환자에게 사용할 수 있는 구급상자로 좌석 50석당 1개씩 의무적으로 탑재되어야만 한다. 기장이나 의사의 허락 없이 객실 승무원이 사용할 수 있고, 봉인(Seal)되어 있으며, 한 번이라도 사용했다면 다음 비행 전까지 새 것으로 교체해야 한다.

FAK 상자와 내부

1) FAK 구성품

품목	용도	사용법
거즈 롤 붕대(Gauze Roller Bandage)	가벼운 외상	상처부위를 감싸거나, 압박붕대, 부목을 댄 후 감아준다.
반창고(Adhesive Tape)		
가위(Scissors)	절단용	거즈나 반창고 등을 자를 때 사용한다.
일회용 밴드(Adhesive Bandage)	가벼운 찰과상	소독 솜을 사용하여 상처부위를 소독한 후 사용한다.
멸균 압박용/지혈용 거즈 (Sterile Bandage Compresses)	지혈	출혈부위를 압박하기 위해 상처부위를 소독한 후 사용한다.
화상용 거즈(Burn Gauze)	화상	화상부위를 소독한 후 사용한다.
멸균 거즈(Sterile Gauze)	감염 예방	상처의 2차 감염을 예방하기 위해 상처부위를 소독한 후 사용한다.
부목(Splints For Arm)	골절 시 지지	접힌 부목을 펴고, 골절부위에 대고 삼각건이나 붕대로 감아 고정한다.
삼각건 & 안전핀 (Triangular Bandage & Safety Pins)	상처부위 보호 및 지지	골절, 염좌, 상처 등 부위를 지지하거나 보호하기 위해 사용한다.
소독 솜(Antiseptic Swabs)	소독	상처부위를 깨끗이 씻은 후 소독한다.
상처 봉합용 테이프 (Sterile Strips)	벌어진 상처의 밀착 고정	벌어진 상처를 소독한 후 테이프로 붙여서 고정한다.
안대(Eye Shield Pad)	눈 상처 보호	눈 주위 상처나 손상 발생 시 사용한다.
체온계(Thermometers)	체온 측정	체온 측정 시 액와부위에서 측정한다.
인공호흡용 마스크 (Mouth to Mouth Resuscitation Mask with One-way Valve)	인공호흡	호흡이 없는 승객에게 인공호흡을 하기 위해 마스크로 승객의 코와 입을 완전히 막은 후 숨을 불어넣는다.
수술용 접착 테이프 (Adhesive Surgical Tape)	무균적 고정	외상이나 수술부위를 무균적으로 고정하기 위해 사용한다.
일회용 의료장갑(Disposable Gloves)	오염 방지	외상 처치와 오염 방지를 위해 처치자가 사용한다.
손 세정제(Cleansing Towelettes)	소독	외상 처치자의 손 세정과 소독을 위해 사용한다.
핀셋(Tweezers)	집기용	거즈류를 무균적으로 집는 데 사용한다.
진통제	해열, 진통	정해진 용량을 복용한다.
구토 억제제	구토, 멀미 예방	정해진 용량을 복용한다.
진경제	소화기, 비뇨기의 경련성 통증 완화	정해진 용량을 복용한다.
비점막 수축제	코막힘, 비충혈 해소	정해진 용량을 복용한다.
제산제	속쓰림	정해진 용량을 복용한다.
항히스타민제	두드러기, 알레르기	정해진 용량을 복용한다.
설명서(국/영문)	구급 의료용품의 사용 방법 안내	사전에 숙지한다.
응급처리 요령	외상 및 기본적인 응급처치 요령 안내	사전에 숙지한다.

2) FAK 사용법

- Seal을 뜯어 사용하고, 사용하지 않은 약품은 원래의 위치에 보관한다.
- 사용 후에는 객실정비일지(CDL)에 사용 내역을 기재하여 새것으로 교체되도록 한다.

객실정비일지(CDL, Cabin Discrepancy List & Memo)
비행 중에 생긴 객실 설비의 고장이나 작동 불량 사항, 의료장비 사용 및 소진 등의 결함 상태를 기록하는 항공일지이다.

2. EMK(Emergency Medical Kit)

비행 중 응급환자 발생 시 간단한 외과수술 및 전문적인 치료를 위해 탑재된다. 항공법 시행규칙 제125조(개정 2016.8.19.)에 근거하여 비행시간이 2시간 이상, 승객 좌석 수 101석 이상의 항공기에 1조 이상 탑재해야 하며, 대한항공의 경우 왕복분 2조를 탑재한다.

EMK는 의사면허를 소지한 사람이 사용할 수 있으며, 상황에 따라서는 기장의 허락하에 의사 처방이 필요한 전문 의약품을 제외하고 승무원이 사용 가능한 의료 기구는 응급처치에 사용할 수도 있다. 또한 기내에 응급처치를 할 의사가 없는 경우 기장과 응급의료 콜 시스템(EMCS)을 이용하여 지상 연계 전문 의료진의 허가를 받은 후 간호사가 사용할 수 있다. EMK는 기장에게 보고한 후 사용해야 한다.

응급의료 콜 시스템(EMCS, Emergency Medical Call System)
기내에서 응급환자 발생 시 의사의 진료가 필요하다고 판단되는 경우, 객실 승무원은 닥터 페이징(Doctor Paging)을 통해 승객 중 의사가 있는지 파악하고 도움을 요청한다. 그러나 승객 중에 의사가 없어 진료가 불가하거나 불충분할 때에는 EMCS를 통해 기내 상황에 특화된 교육을 받은 응급의학과 전문의의 24시간 응급의료 지원을 받을 수 있다.

1) EMK 구성품

품목	품목
설명서(List of Contents)	기관 카테터 (Emergency Tracheal Catheter)
가이드북(Reference Guide)	탯줄집게(Umbilical Cord Clamp)
청진기(Stethoscope)	비수은 체온계(Thermometer 〈Non-Mercury〉)
혈압계(Sphygmomanometer)	인공호흡용 마스크(Bag-valve Mask)
인공기도(Airway, Oropharyngeal 〈Large/Medium/Small〉)	손전등과 건전지(Flashlight and Batterys)
주사기 및 주사용 바늘(Syringes and Needles)	기관지 확장제(Bronchodilator)
정맥주사용 카테터(Intravenous Catheters)	항히스타민제(Antihistamines)
항균소독포(Antiseptic Wipes)	심혈관 확장제(Vasodilator)
일회용 의료장갑(Disposable Gloves)	진통제(Painkiller)
주사바늘 폐기함(Needle Disposal Box)	항경련제(Anticonvulsant)
도뇨관(Urinary Catheter)	부교감신경 차단제(Anticholinergic)
정맥혈류기(수액세트) (System For Delivering Intravenous Fluids)	이뇨제(Diuretic)
지혈대(Venous Tourniquet)	부신피질 스테로이드(Gluco Corticoid Steroid)
거즈(Gauze)	자궁수축제(Vterotonics)
반창고(Tape Adhesive)	생리식염수(Normal Saline)
외과용 마스크(Surgical Mask)	아스피린(Aspirin)

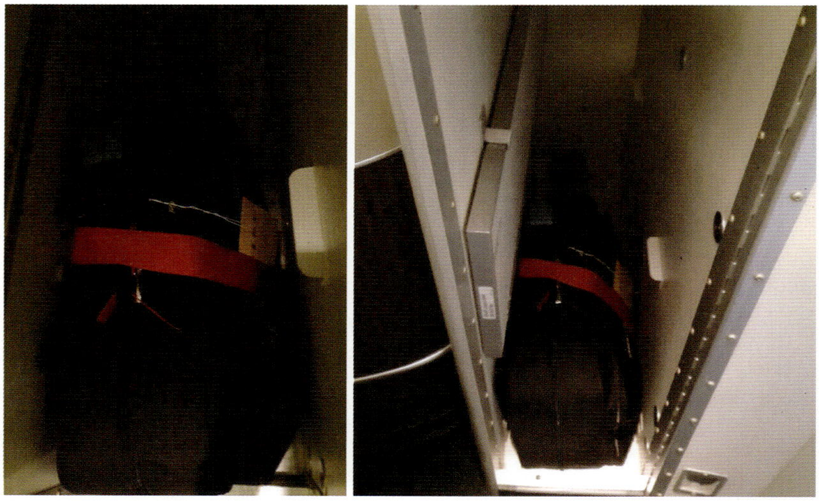

기내에 보관되어 있는 EMK

2) EMK 사용법

- 의사나 전문 의료인이 요청 시 제공하고 Seal을 뜯어 사용한다.
- 사용 후에는 사용한 의료인에게 EMK에 들어 있는 의료정보기록지 3부를 작성하도록 요청한다.
- 사용하지 않은 의약품은 구급용품 상자에 보관하고 밀봉한다.
- 사용 후에는 객실정비일지(CDL)에 사용 내역을 기재하여 새것으로 교체되도록 한다.

3) 응급의료 콜 시스템 이용 시 통보사항

- 승객 인적 사항(성별, 나이 등)
- 주 호소 증상
- 승객의 의식상태 및 활력징후, 산소 사용 여부
- 승객 과거 병력, 사용 중인 약품명
- 도착 시 필요한 의료 지원 형태

4) 의료인 탑승 시라도 응급의료 콜 시스템 연락이 필요한 경우

- 응급환자로 인해 항공기 운항에 비정상 상황(방향 전환, 회항, 기내 사망)이 예상되거나 발생되는 경우
- 기내 의료인의 처치에도 중증 증상(흉통, 호흡곤란, 의식저하, 과다출혈, 극심한 통증 등)이 호전되지 않는 경우
- 기내 의료인의 의학적 처치가 미비하거나 기내 의료기기 사용이 익숙하지 않다고 판단되는 경우
- 기내 의료인의 전공분야가 응급환자 증상과 상이하여 응급의료 콜 시스템 의사의 협진을 요청하는 경우
- 기내 의료인이 기내 의료기기에 대해 추가 정보를 요청하는 경우

3. 휴대용 산소통(PO2 Bottle)

항공기 객실에서는 여압 장치에 의해 지상과 거의 같은 산소가 공급된다. 그러나 객실 내 감압이나 환자가 발생하여 산소가 필요한 경우, 객실 천장에서 내려

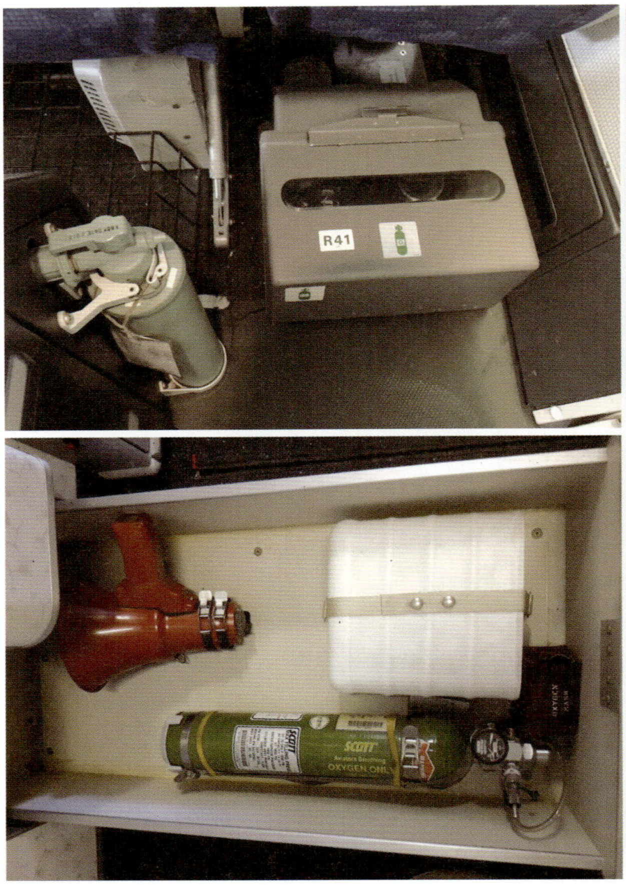

점프시트 주변에 비치된 PO2 Bottle

1600psi 이상인지 확인

오는 산소마스크나 휴대용 혹은 의료용 산소통으로 산소를 공급할 수 있다.

비상시 (감압시) 산소를 공급하기 위해 승무원 좌석 주변에 비치하며, 산소마스크는 산소통에 연결되어 있거나, 바로 옆에 함께 보관된다. 비행 전 점검 시 압력 게이지가 1600psi 이상인지 확인해야 하며, 사용할 때에는 만일의 감압 사태에 대비하여 500psi 정도는 남겨 놓는다. Hi Outlet은 77분(4리터/분), Low Outlet은 154분 정도(2리터/분) 사용 가능하다.

1) PO2 Bottle 사용법

- 산소마스크 튜브 끝의 Fitting이 Portable Oxygen Outlet에 잘 고정되었는지 확인한다.
- PO2의 켜짐과 꺼짐 밸브를 반시계 방향으로 충분히 끝까지 돌린다.

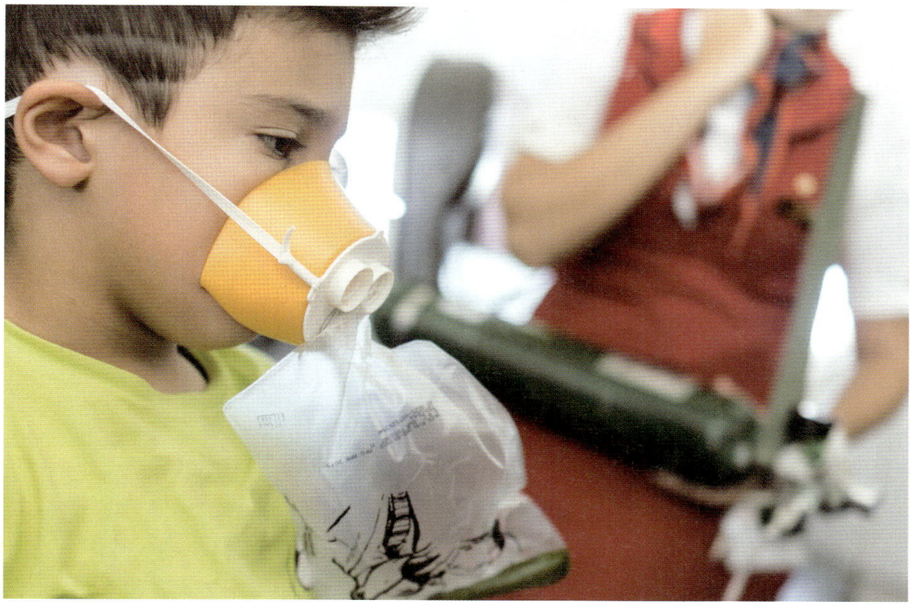

산소를 공급받는 어린이

- 산소가 호스를 통해 흐르는지 확인한다. (산소가 저장된 용기와 마스크 사이를 손으로 쥐어서 저장 용기가 부풀어 오르는 것을 확인하는 방법이다.)
- 산소마스크를 코와 입에 대고 고무밴드를 이용하여 머리에 고정한다.
- 산소의 흐름을 계속 확인하면서 호흡을 한다.
- 5분 간격으로 점검한다.
- 산소가 완전히 소진되기 전에 다른 것으로 교체한다.

비상시 항공기에서 공급되는 산소마스크

대부분 산소마스크는 14,000피트에서 작동된다. 그 이유는 13,000피트 이하에서는 산소가 충분하여 산소마스크 없이도 충분히 산소가 공급되기 때문이다. 비상시 산소마스크가 내려올 때 마스크를 세게 잡아당기면 핀이 빠지면서 대략 15분간 산소가 자동으로 공급된다. (기종에 따라 상이하다.) 만일 마스크가 자동으로 내려오지 않을 때에는 Release Hole을 Release Tool이나 뾰족한 물건으로 누르면, 산소마스크 보관 Compartment가 열리면서 마스크가 내려온다.

천장에서 내려온 산소마스크

기내에 탑재된 AED 및 AED 내부의 패드와 본체

4. AED(Automated External Defibrillator)

호흡과 맥박이 없는 환자에게 순간적으로 고압 전기충격을 주어 심장 기능을 회복하도록 돕는 의료 기구이다. 일반인도 쉽게 사용할 수 있게 만들어졌으며, 객실 승무원은 사용법을 훈련받는다. (자세한 사용법은 제4장에서 다룬다.)

5. Resuscitator Bag/AMBU-bag

심폐소생술 및 인공호흡을 실시할 때 필요한 보조기구로, 환자에게 산소를 공급하는 용도로 사용한다. 비행 전 점검 시 정위치에 탑재되어 있는지 확인한다.

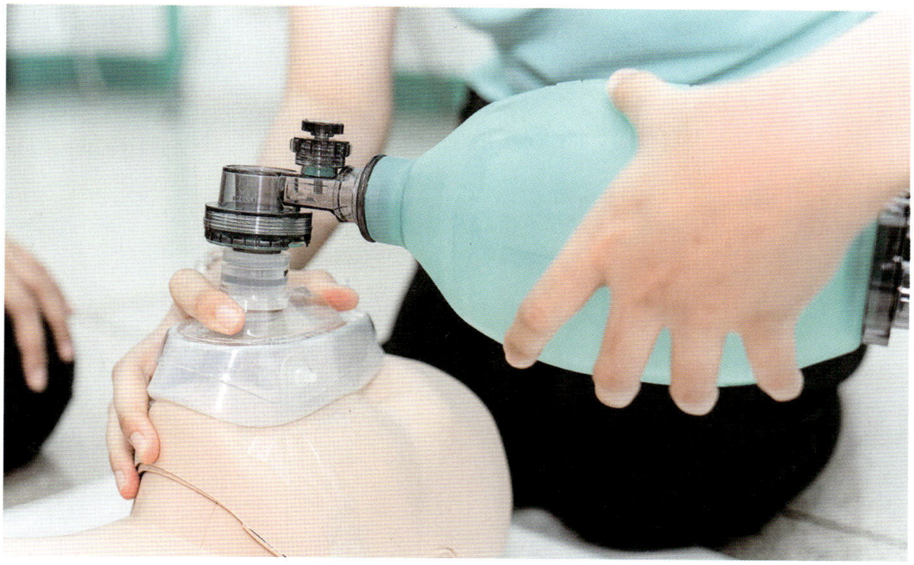

1) Resuscitator Bag/AMBU–bag 구성품

수동식 인공호흡기 및 마스크, 청진기, 탈지면, 얼음주머니, 승객 건강상태 체크리스트, 전자체온계, 혈압계, 압박붕대, 수은체온계 등이 들어 있다.

6. UPK(Universal Precaution Kit)

환자의 체액이나 타액을 접촉하여 발생하는 오염 가능성을 줄이고 오염된 곳을 위생적으로 닦아내는 데 사용한다. 환자의 체액에 의해 오염된 의료용품을 안전하게 폐기하는 데에도 사용한다.

1) UPK 구성품

일회용 의료장갑, 안면/눈 보호 마스크, 보호용 가운, 액체 응고제, 흡착용 타월, 오물 처리용 주걱, 오염물 처리용 Bag, 피부 세척용 수건, 살균 타월, 사용 안내서 등이 들어 있다.

2) UPK 사용법

다음 순서를 따른다.

- 장갑, 안면/눈 보호 마스크, 보호용 가운을 착용한다.
- 다량의 혈액, 체액을 액체 응고제를 뿌려 겔 형태로 만들거나, 흡착용 타월을 사용하여 흡수시킨다.
- 오물 처리용 주걱을 이용하여 오염물 처리용 Bag에 버린다.
- 혈액 및 체액에 노출된 곳을 살균 타월로 닦아낸 후, 다른 곳에 묻지 않도록 주의하며 오염물 처리용 Bag에 버린다.
- 사용한 안면/눈 보호 마스크 및 보호용 가운, 일회용 장갑 순으로 벗어 오염물 처리용 Bag에 버린다.
- 오염물을 버린 오염물 처리용 Bag을 묶어 밀봉한다.
- 손을 흐르는 물에 비누로 씻거나 피부 세척용 수건을 사용하여 닦는다.
- 사용하지 않은 물품은 상자 안에 보관하고 원위치시킨다.

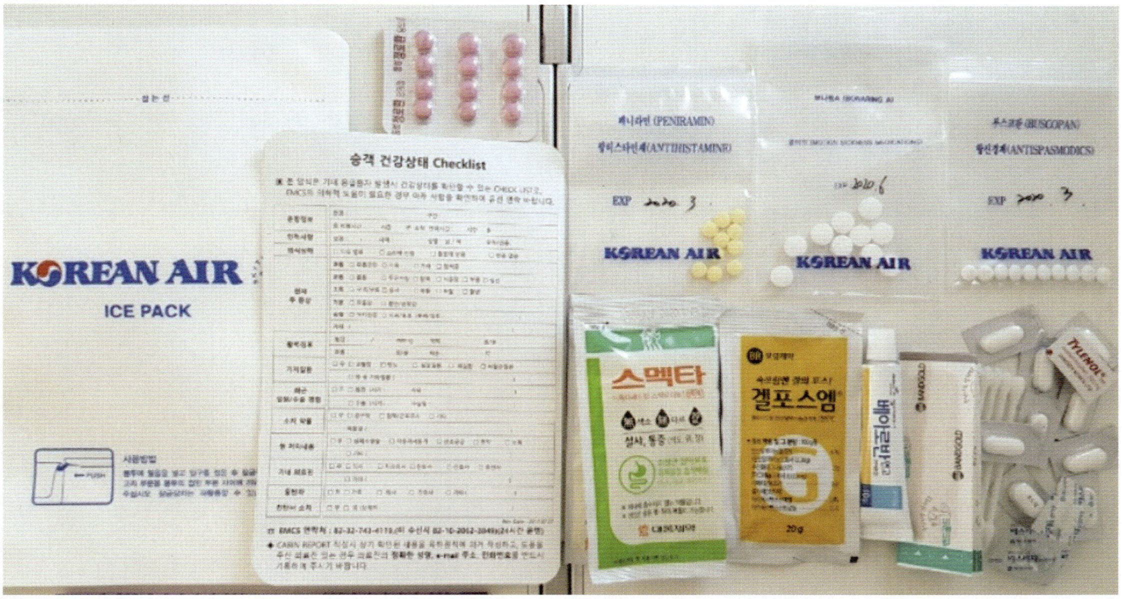

구성품

7. Medical Bag

객실 승무원이 소지하는 일상적인 구급함이다.

1) Medical Bag 구성품

일회용 밴드, 소화제, 타이레놀, 지사제, 화상연고, 안티푸라민, 인공눈물, 베타딘스왑, 항히스타민제, 얼음주머니, 멀미약 등이 들어 있다.

잠깐! 점검해 볼까요?

01

항공 의료지원 서비스

1. '항공 운송을 위한 의사 소견서(MEDIF)'를 제출해야 하는 3가지 경우를 말해 보시오.

2. 승객이 개인적으로 소유하는 휴대용 산소 발생기(POC)를 기내에서 사용하기 위한 조건을 정리해 보시오.

3. 임산부의 임신 기간에 따른 탑승 규정을 정리해 보시오.

4. Special Meal 서비스 중 DBML을 설명해 보시오.

02

기내 탑재 응급의료 장비

1. FAK에 대한 내용을 정리해 보시오.

2. EMK에 대한 내용을 정리해 보시오.

3. AED에 대한 내용을 정리해 보시오.

4. PO2 Bottle에 대한 내용을 정리해 보시오.

5. UPK에 대한 내용을 정리해 보시오.

기내 응급환자 파악 및 초기 대응

Finding Emergency Patients & First Aid Response on Board

3

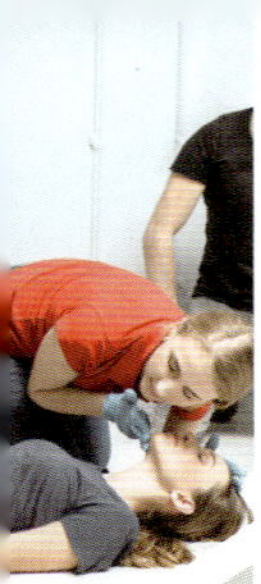

01

응급처치

Emergency Treatment

수행 준거

- 객실 서비스 및 객실 안전 규정에 따라 기내 환자 발생 여부를 파악할 수 있다.
- 객실 서비스 및 객실 안전 규정에 따라 환자에 대한 정보를 신속하게 상급자에게 보고할 수 있다.
- 객실 서비스 및 객실 안전 규정에 따라 환자에 대한 정보를 공유하도록 할 수 있다.

응급처치(First Aid)란 의사의 치료가 본격적으로 시작하기 전까지 환자의 생명을 구하고, 상태가 더 악화되지 않도록 하기 위해 취해지는 임시적이고 즉각적인 조치이다. 일반적으로 응급처치는 의학 상식을 지닌 사람에 의해 민첩하고 정확하게 제공되어야 하며, 무엇을 할 것인지와 무엇을 해서는 안 되는지를 사전에 숙지하여 적절한 응급처치를 수행하고 응급상황을 판단할 수 있어야 한다. 상황에 따라 객실 승무원은 환자 발생에 의한 응급상황으로 비상착륙(Divert) 여부를 판단해야 하는 상황에 처할 수도 있다.

객실 승무원의 효과적인 응급처치는 첫째, 한정적인 객실 환경에서 승객의 생명을 위협하는 위급한 상황에 직면했을 때, 승객의 생명을 구하고 보다 쾌적하고 안전하게 목적지에 도착하게 함으로써 객실 서비스의 향상을 꾀할 수 있다. 둘째, 승객의 생명을 위협하는 의학적 응급상황에서 적절한 응급처치를 제공함으로써 항공 이례 예방 및 안전운항에 기여할 수 있다.

항공 이례(Flight Irregularity)

정상적인 운항이 아니라 이상 사태가 발생하는 경우를 일컫는다. 중간 기착지에 착륙하는 중도 하기(Off-load), 예정에 없는 공항에 비상으로 착륙하는 비상착륙(Unscheduled Landing), 기내 사망(In-flight Death) 등이 있다.

기내에서 응급환자가 발생한 경우 객실 승무원이 우선적으로 취해야 할 대응 절차는 다음과 같다.

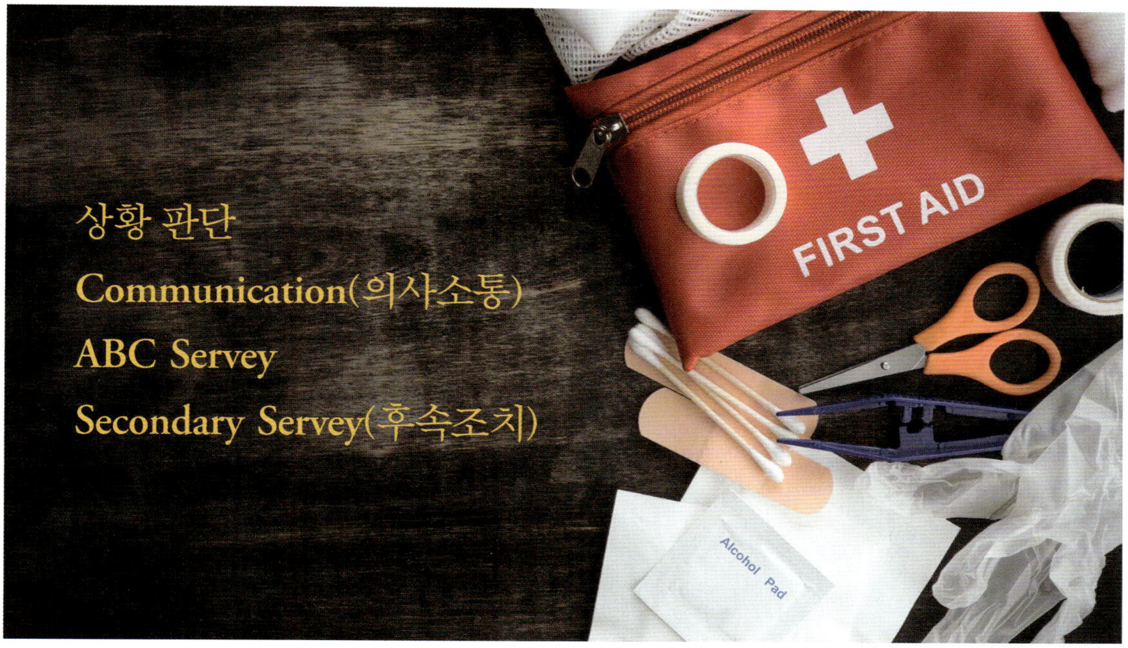

응급환자 발생 시 객실 승무원의 역할은 직접 의료행위를 통해 환자를 치료하는 것이 아니라, 환자의 상태가 악화되지 않도록 의료진에게 적극적인 협조와 지원을 하는 것임을 잊지 않도록 한다. 또한 기내에서 응급환자 발생 시 환자는 지상에서보다 더 큰 심리적 부담을 느끼므로 물리적 치료와 함께 정신적 안정감을 제공할 수 있도록 더욱 세심한 관심과 후속관리가 요구된다.

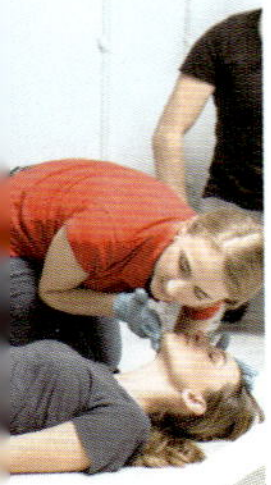

02

응급환자 초기 대응원칙

Responses for Emergency Patients in Need of First Aid

기내에서 응급환자 발생 시 객실 승무원은 전문 의료인에게 환자를 인계하기 전까지 필수적인 응급처치를 실시한다. 만약 기내에 전문 의료인 승객이 탑승하지 않아 치료가 불가능할 때에는 응급의료 콜 시스템(EMCS)에 의한 항공 의료센터를 이용하여 의료 자문을 요청할 수 있으며, 전문 의료인이 진료할 때에도 자문이 필요한 경우 연락 가능하다.

응급상황이 발생한 초기에는 당황하지 말고 취해야 할 다음 원칙을 따라 신속하고도 침착하게 대응하도록 한다.

- 환자 승객의 의식과 호흡이 있는지 정확히 판단하고, 응급처치를 시행한다.
- 효율적으로 응급상황에 대처하기 위해 조직적인 상호 협조를 한다.
  - 최초 발견자 승무원: 응급조치 담당
  - 협조자 1 승무원: 사무장과 기장에게 보고, 조종실과 의사소통 담당
  - 협조자 2 승무원: 응급의료 장비의 조달 담당
- 침착한 태도로 승객을 대하며 응급조치를 시행한다. 환자 승객의 과거 병력을 파악하고, 기내에 탑재된 여러 종류의 응급의료 장비를 적절히 사용한다.
- 특히 의식을 잃은 승객에게는 호흡, 맥박 등 생명을 위협하는 요인이 있는지 파악하고 필요한 경우 심폐소생술(CPR)을 즉시 시행한다.
- 승무원의 처치로 승객의 건강상태 호전을 기대할 수 없다면 기내 방송을 이용하여 닥터 페이징(Doctor Paging), 즉 의료인의 도움을 요청한다.
- 응급처치 시 반드시 필요하다고 판단되는 시점까지는 가급적 환자의 이동을 피하며, 환자가 상태나 상처에 적합한 자세를 취하도록 돕고, 객실 내 적절한 공간을 확보하여 치료가 용이하도록 한다.

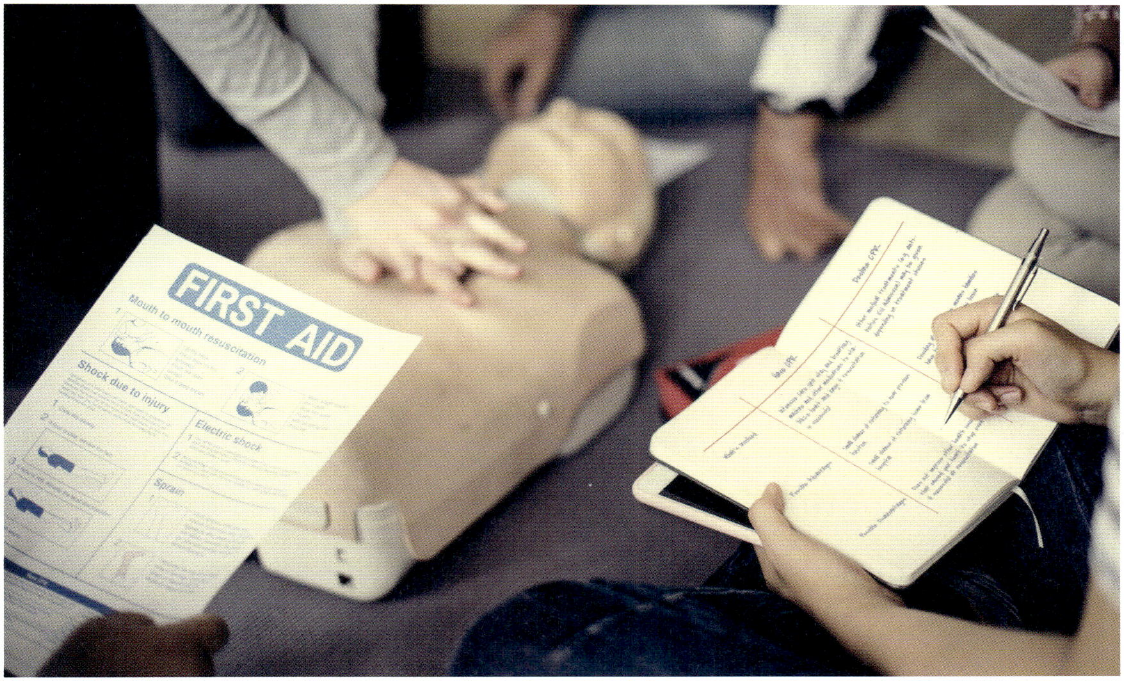

- 승객의 안정을 도모하기 위해 불필요한 사람의 접근을 차단한다.
- 객실 승무원은 의료인이 아니므로, 주사 및 일체의 진단과 처방이 불가하다.
- 승객의 약품 요청이 있을 때, 약품을 제공하기 전에 해당 약품에 대한 부작용과 과거 병력, 기저 질환을 확인한다.
- 응급처치를 하는 동안 환자의 혈압, 맥박, 호흡, 체온의 활력징후와 증상을 파악하고 기록하여, 기장에게 실시간으로 보고한다.

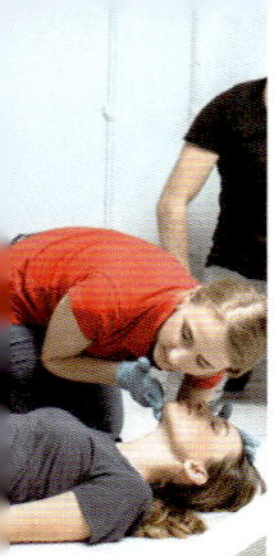

03

응급환자 대응절차

Response Process for Emergency Patients

1. 상황 판단

기내에서 응급환자가 발생한 경우, 최초로 응급환자를 발견한 승무원은 신속하고 정확하게 상황 판단을 해야 한다. 먼저 승객을 안정시키고, 도움이 필요한지 승객에게 확인하며, 승객이 소지한 서류나 의약품 등을 확인하여 환자에 대한 의학 정보를 얻거나 환자의 상태를 파악한다.

- 환자에게 승무원임을 밝히고 승객의 안정을 도모한다.
- 환자에게 도움이 필요한지 확인하고, 기내 의료 지원에 대한 동의를 구한다. 승객의 의식이 없는 경우에는 동의를 받은 것으로 간주하고 절차대로 진행한다.
- 환자의 병력을 파악하기 위해 의사 소견서나 소지한 의약품, Medical Alert Symbols(메디컬 경고 표식)이 있는지 확인한다.

Medical Alert Symbols(메디컬 경고 표식)

환자가 가진 병력을 표기하여 응급상태 발생 시 응급처치 시행자가 쉽게 확인할 수 있도록 기호화한 그림으로, 팔찌형, 목걸이형 등이 있다.

팔찌형 Medical Alert Symbols

2. Communication(의사소통)

응급환자가 발생하면 승무원 간의 신속하고 정확한 팀워크가 요구되며 대응 및 처치가 동시다발적으로 이루어져야 한다. 최초 응급환자를 발견한 승무원 및 도움을 요청받은 승무원, 사무장, 기장, 경우에 따라서는 응급의료 콜 시스템(EMCS)과 도착지 운송 직원까지 상호 협조적인 소통과 협업이 절실히 요구된다.

기내에 응급환자가 발생한 시점부터 취해야 할 대응절차를 시간순으로 설명하면 다음과 같다.

1) 기내 응급환자 발생 시 대응절차

최초 응급환자 발견 승무원

- 주위 승무원에게 도움 요청
- 승객의 상태 파악 및 과거 병력, 의료 정보 수집(소지한 의약품, 의사 소견서, Medical Alert Symbols 확인)
- 응급처치 실시

도움을 요청받은 승무원

- 사무장과 기장에게 보고 및 닥터 페이징 실시(의사 호출): 의사 또는 'Medical Doctor'라는 명칭으로 호출한다. 의사 부재 시에는 의료인, 응급 구조사 또는 'Medical Professional'이라는 호칭으로 재호출한다.
- 기내 의료장비 준비: EMK, FAK, AED, Resuscitator Bag, UPK, PO2 Bottle, 자동 혈압계 등을 준비한다.
- 최초 응급환자 발견 승무원을 도와 응급처치 실시: 응급의료 콜 시스템(EMCS) 원격 진료에 대비하여 '승객 건강상태 체크리스트'에 시간대별로 나누어 조치사항을 기록한다.

기록 내용

- 응급환자 좌석번호 및 인적 사항(성별/나이)
- 승객의 의식 상태 및 현재 상태, 조치상황, 경과
- 산소 사용 여부를 포함한 장비 사용 내역 등

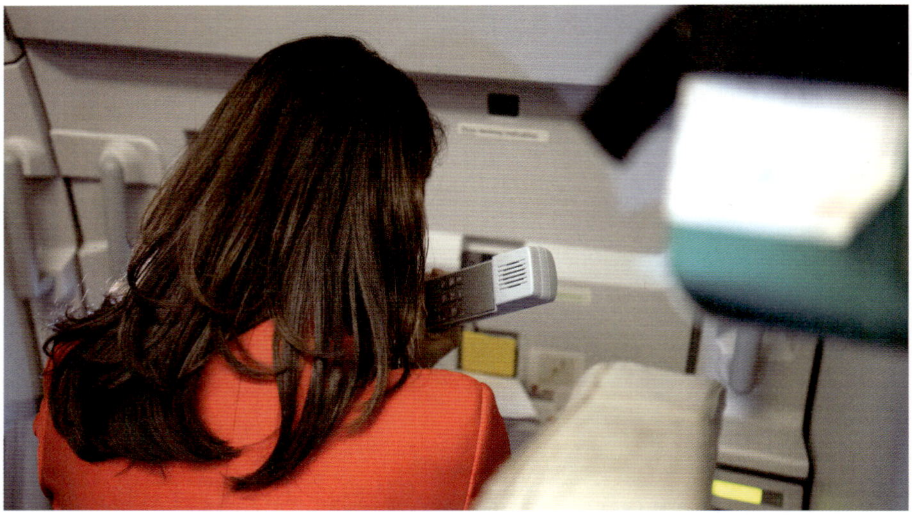

© Ko Aun Lee / Shutterstock.com

기장에게 보고 및 닥터 페이징

- 응급환자의 과거 병력 및 현재 사용 중인 약품, 응급조치 시 사용 약품
- 동반자 유무

응급처치 시 준수사항 5가지

- 승무원의 안전을 확보한다.
- 승무원의 신분을 반드시 밝히고 응급처치 동의를 구한다.
- 환자의 생사 판정은 절대로 하지 않는다.
- 승무원의 개인 소지 의약품을 사용하지 않는다.
- 승무원은 응급처치로 그치고 전문 의료 요원의 처치에 맡긴다.

출처: NCS 홈페이지

2) 의료인 기내 탑승 시 대응절차

응급처치 협조를 구하고, 다음 절차를 수행한다.

- 의료인임을 증명할 수 있는 증명서 또는 명함을 확인한다. 의사임을 증명할 수 없을 경우 기장에게 보고한 후 지시를 따른다.
- 의료인에게 기내 의료장비와 약품을 제공하고 응급처치를 보조한다.

3) 의료인 기내 미탑승 시 대응절차

응급의료 콜 시스템(EMCS)으로 원격 진료 시 다음 사항을 제공한다.

- 환자 승객 인적 사항
- 증상
- 환자 승객의 의식 상태, 활력징후, 산소 사용 여부
- 환자 승객의 과거 병력, 사용 중인 약품명
- 도착 시 필요한 의료 지원 형태

활력징후

활력징후 또는 바이탈 사인(Vital Sign)은 환자의 신체 상태를 평가하는 지표로, 체온, 맥박, 호흡, 혈압 등이 있다. 환자의 문제를 규명하거나 상태를 감지하는 빠르고 효율적인 방법으로 임상 문제를 해결하는 기초가 된다.

그 외 응급처치 참고사항

- 의료인의 법적 범위는 의사, 한의사, 치과의사, 간호사, 조산사에 국한됨
- 응급환자 주변에 다른 승객들의 불필요한 접근을 차단함
- 기내에 의료인이 탑승했다 해도 필요에 따라 EMCS 원격 진료 요청이 가능함

4) 닥터 페이징(Doctor Paging)

기내에 응급환자가 발생하여 전문적인 진단 및 치료가 필요할 경우, 탑승한 승객 중에 의료인이 있는지 확인하여 도움을 요청하는 닥터 페이징을 실시하고 기장에게 보고한다. 닥터 페이징을 실시할 때 사용하는 방송문은 다음과 같다.

의사 호출 1차 방송문

안내 말씀 드리겠습니다.
지금 기내에 응급환자가 발생했습니다.
손님 중에 의사가 계시면 저희 승무원에게 말씀해 주십시오.
감사합니다.

Ladies and gentlemen, we have a passenger in need of emergency medical care.
If there is a doctor on board, please make yourself known to a member of the crew immediately by pressing your call bell.
Thank you.

의사 호출 2차 방송문

다시 한번 안내 말씀 드리겠습니다.
지금 기내에 응급환자가 발생해 도움이 필요합니다.
손님 중에 의료인이나 응급 구조사가 계시면 승무원에게 말씀해 주십시오.
감사합니다.

Ladies and gentlemen, we have a passenger in need of emergency medical care.
If there is a medical doctor or other medical professional on board, please contact one of our crew immediately.
Thank you.

하기 시 착석 협조 방송문

안내 말씀 드리겠습니다.
기내에서 발생한 응급환자를 우선적으로 모시고자 합니다.
손님 여러분께서는 좌석에 앉아 잠시만 더 기다려 주시기 바랍니다.
감사합니다.

Ladies and gentlemen, we have a passenger who needs emergency medical care.
Please remain seated while until we ask you deplane.
Thank you.

3. ABC Servey

ABC 조치란 응급환자의 위급성을 판단하기 위해 실시하는 응급처치의 기초 단계로, 환자의 기도, 호흡, 심장운동을 확인하는 절차를 뜻한다. 객실 승무원은 다음을 확인하고 필요한 응급처치를 수행한다.

1) 체온

기내에는 전자체온계나 적외선(고막) 체온계가 비치되어 있다. 다음과 같이 혈액순환이 왕성하며 외기와의 접촉이 적은 부위를 선택하여 체온을 측정한다. 정상 체온의 범위는 36.5~37.2도이다.

구강 체온

체온을 측정하기가 가장 편리한 부위이다. 음식 섭취나 흡연 시 30분 후(최소 15분 후)에 측정한다.

다만 입을 다물지 못하는 사람, 소아, 의식이 없는 사람, 입으로 호흡하는 사람, 간질 환자, 산소흡입 환자에게는 구강 체온이 금기된다.

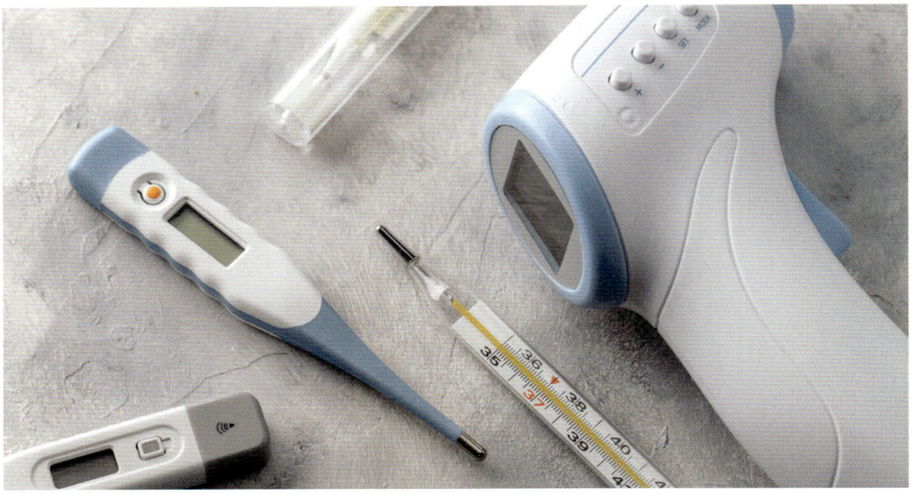

직장 체온

가장 정확한 심부 체온을 측정할 수 있는 부위이다. 다만 항문 및 직장 수술 환자, 치질 환자, 심근경색증 환자에게는 직장 체온이 금기된다.

액와 체온

체온을 측정하는 가장 안전한 방법이지만 외부 온도의 영향을 받아 정확도가 떨어지며 측정시간이 오래 걸린다.

고막 체온

짧은 시간에 심부 체온을 측정하고, 세균과 오염의 전파를 예방하며, 음식 섭취 시에도 가능하지만, 대기 온도나 귀 상태의 영향을 받는다.

2) 맥박

맥박 측정 시 환자가 편안한 자세를 취하게 한 후, 측정할 팔의 반대쪽 손 검지와 중지 손가락을 나란히 붙여 환자의 요골동맥(엄지 손가락이 있는 팔목 안쪽) 위에 평평하게 놓아 팔목을 약간 누르는 듯한 상태에서 1분 동안 박동수를 측정한다. 맥박의 정상 범위는 60~100회/분이며, 리듬이 규칙적이어야 한다. 다만 심정지 환자나 혈압이 낮은 환자는 맥박이 잘 만져지지 않으므로 맥박 확인이 어려울 수 있다.

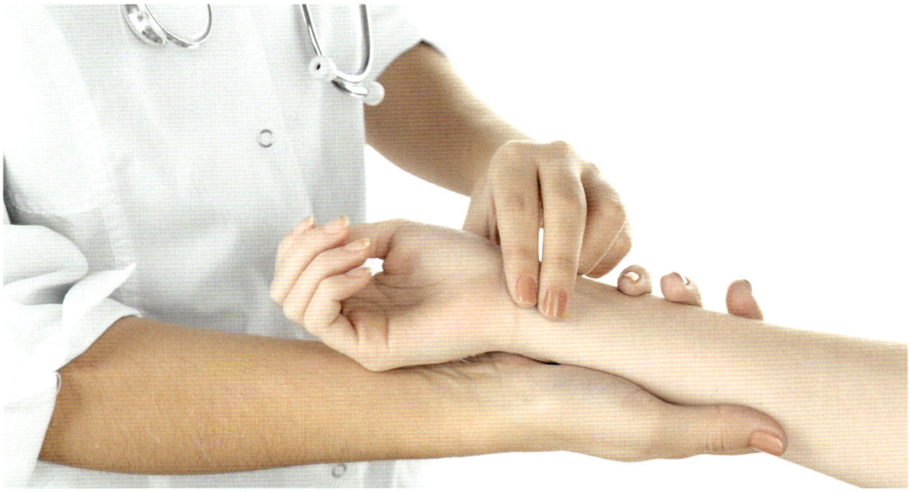

정상 맥박수

- 신생아~12개월: 100~160회/분
- 1~6세: 65~140회/분
- 7~10세: 60~110회/분
- 11세~성인: 50~100회/분

3) 호흡

호흡은 산소를 들이마시고 이산화탄소를 배출하는 것으로 정상 범위는 12~20회/분이다. 대상자의 맥박을 체크하면서 동시에 호흡도 확인하는데, 이때 환자가 측정 사실을 의식하지 못하도록 한다. 정상 호흡은 흉벽의 움직임이 정상적이고, 호흡 리듬이 규칙적이다.

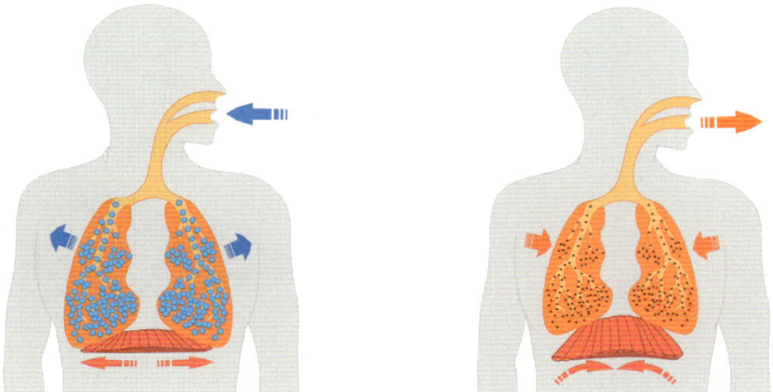

정상 호흡수

- 신생아~12개월: 40~60회/분
- 1~6세: 18~26회/분
- 7세~성인: 12~24회/분

4) 혈압

혈압은 심장에서 방출된 혈액이 혈관 벽에 닿을 때 형성되는 압력으로 정상 범위는 120/80mmHg이다.

전자 혈압계에 의한 혈압 측정

- 혈압 측정 전에 최소 5분 이상의 안정이 필요하다.
- 좌석 등받이에 등을 기대고 편안히 앉아서 혈압을 측정한다.
- 혈압을 측정할 팔을 책상 위에 올려 심장 높이에서 측정한다.
- 커프의 하단이 팔꿈치 접히는 선의 위쪽으로 약 2.5cm 높이에 오도록 하고, 혈압계를 상완부에 착용시킨다.
- 커프가 너무 느슨하면 안 되며, 커프 안으로 손가락 1개 정도가 들어갈 정도의 여유가 있어야 한다.
- 커프에 자동으로 공기가 들어간 후, 다시 자동으로 빠진다.
- 표시창의 최고 혈압이 수축기 혈압, 최저 혈압이 이완기 혈압이다.

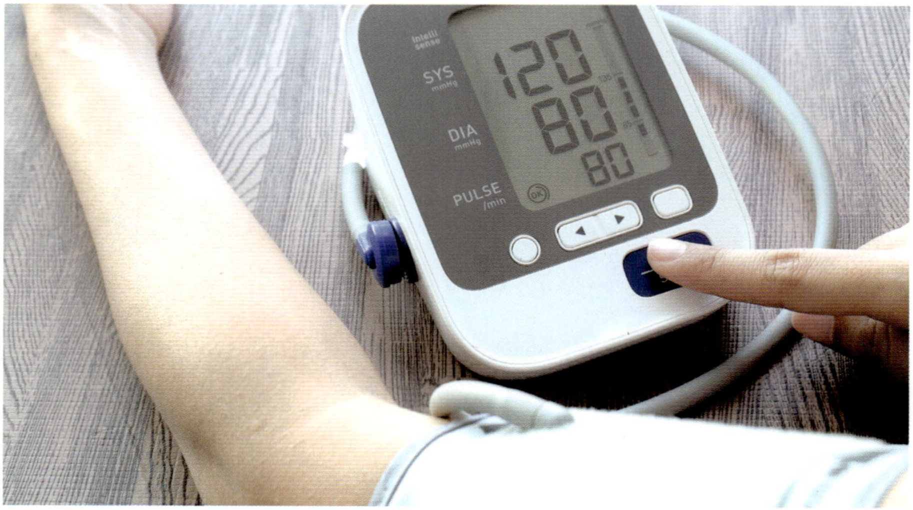

현장 칭송 사례

비행기에서 이륙 후 약 2시간가량 지난 후에 기내 방송에서 응급환자가 발생했다고 의사를 찾는 방송이 나왔습니다. 안사람이 자는 저를 깨워서 급하게 승무원의 안내를 받아 환자가 있는 곳으로 가 보았습니다. 먼저 승무원들이 환자를 편안하게 조치해 놓은 것을 보고 교육을 체계적으로 받았다는 생각이 들었습니다. 그 환자는 급성 복통을 호소하는 환자로 의학적 검사에서 응급 수술적인 치료가 필요치 않을 것 같아 응급처치에 필요한 약이 있는지 승무원에게 물었습니다. 그리고 잠시 후 승무원이 가져온 응급진료 박스와 청진기 등 진료에 필요한 장비를 보고 깜짝 놀랐습니다.

저는 현재 신경외과 전문의로 종합병원에서 주로 수술을 하는 의사인데, 기내에 준비된 의료장비와 약물 등이 응급환자에게 필요한 약물은 물론이고 간단한 응급수술을 하기에도 전혀 부족하지 않은 수준이었습니다. 그냥 형식적으로 갖춘 것이 아니라 실질적인 의료에 사용 가능하도록 현재 제가 병원에서 사용하고 있는 중 · 상급 수준의 의료장비와 약물을 보유하고 있었습니다.

정말 항공사에서 말씀하신 대로 국제 기준에 부합하는, 아니 제가 느끼기에는 그 이상이었던 것 같습니다. 물론 응급환자를 대하는 승무원의 대처 방식도 충분한 훈련을 받은 것 같습니다. 다시 한번 항공 여행에 대한 안정감을 느끼는 계기가 되었습니다. 감사합니다.

4. Secondary Servey(후속조치)

발병 당시에는 환자 상태가 위중하지 않지만 그대로 방치하면 심각한 상황으로 진행될 수 있는 질병을 미연에 방지하기 위해 실시하는 절차로, 다음을 참고하여 조치한다.

- 환자 및 주변 승객들과 면담한다.
- 환자의 상태를 확인한다. (활력징후, 피부색 등)
- 상처, 질병, 건강상태를 계속 확인한다.
- 응급처치 내용을 순서별로 기록한다.

응급환자 발생 시 응급처치 흐름도

환자 발생

↓

환자의 반응과 호흡 확인

Yes

활력징후(Vital Sign) 확인

- 혈압, 체온 등 활력징후와 안색
- 팔, 다리, 움직임, 오한 등 증상 확인
- 증상에 따른 적절한 응급처치 실시
- 필요한 경우 기도 유지 및 호흡 여부 지속 확인

활력징후 정상 수치

- 맥박 : 60~100회/분
- 호흡 : 12~20회/분
- 체온 : 36.5~37.2℃
- 혈압: 90~140/60~90mmHg

↓

환자의 의식과 호흡이 있는 경우 회복 자세로 변경

NO

도움 요청

↓

환자를 편평한 바닥에 눕히기

↓

CPR(심폐소생술) 실시

- 가슴 압박 : 인공호흡 비율 30 : 2(5cycle/2분)
- 필요 장비 : AED, EMK, FAK, UPK, PO2, Resuscitator Bag 등

↓

AED(자동제세동기) 도착

↓

리듬 확인 : 제세동이 필요한가?

NO → CRP 지속적으로 실시 및 2분마다 환자 상태 확인

Yes → 제세동 1회 시도 즉시 CPR 반복

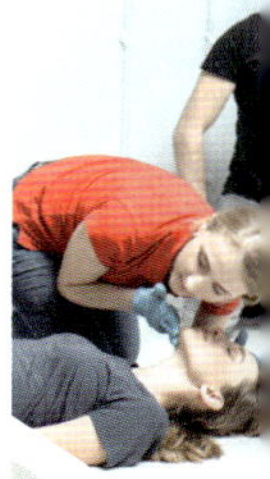

04

CPR(심폐소생술)

Cardio-pulmonary Resuscitation

심폐소생술은 심장마비가 발생했을 때 인공적으로 혈액을 순환시키고 호흡을 돕는 응급치료법이다. 심폐소생술은 심장이 마비된 상태에서도 혈액을 순환시켜, 뇌의 손상을 지연시키고 심장이 마비 상태로부터 회복하는 데 결정적 도움이 된다. 심장마비를 목격한 사람이 즉시 심폐소생술을 시행하게 되면 심폐소생술을 시행하지 않은 경우에 비해 심장마비 환자의 생명을 구할 확률이 3배 이상 높아진다. 또한 심폐소생술을 효과적으로 시행하면 그렇지 않은 경우에 비해 심장마비 환자의 생존율이 3배가량 높은 것으로 조사되었다. 따라서 모든 사람이 심폐소생술을 배운 후 응급상황에서 이를 효율적으로 시행한다면 수많은 심장마비 환자의 생명을 구할 수 있을 것이다.

심장마비에서 살아남은 사람이 적절한 시기에 효과적으로 심폐소생술을 받지 못한 경우에는 비록 생존하더라도 대다수가 심한 뇌손상으로 고통을 받는다. 뇌손상으로 인해 회복된 후에도 의식이 없거나 심장마비 이전의 지능을 회복하지 못해 직장이나 사회 생활로 복귀하지 못하는 경우가 많다.

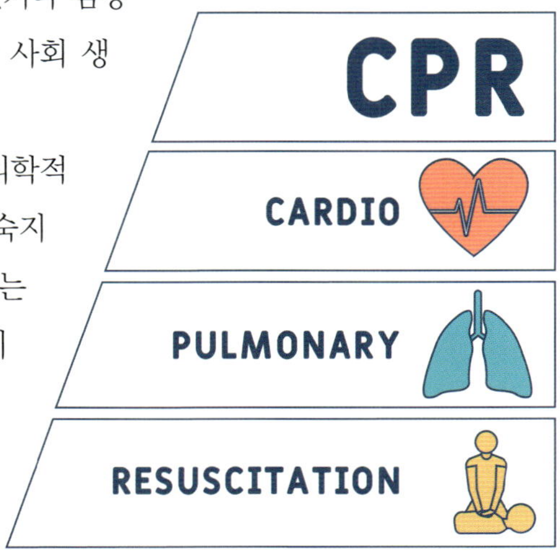

특히 객실 승무원은 비행 중에 발생하는 의학적 응급상황에 긴급하게 대처하기 위해 반드시 숙지해야 하는 응급처치이다. 우리가 배우고자 하는 심폐소생술은 심장마비 환자의 뇌손상을 줄이는 데 결정적 역할을 하며, 궁극적으로는 심장마비 환자의 생명을 구하는 소중한 치료법이다.

1. 성인의 CPR 시행법

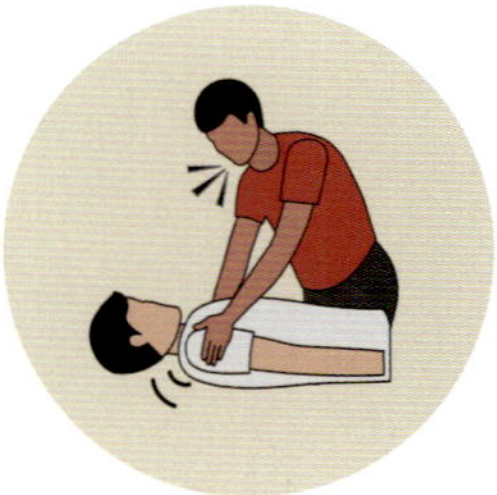

반응 확인

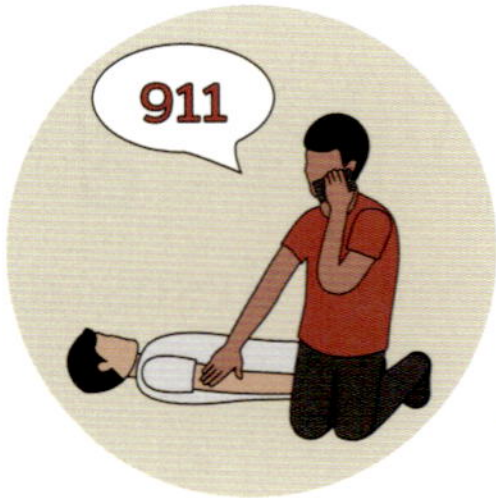

도움 요청

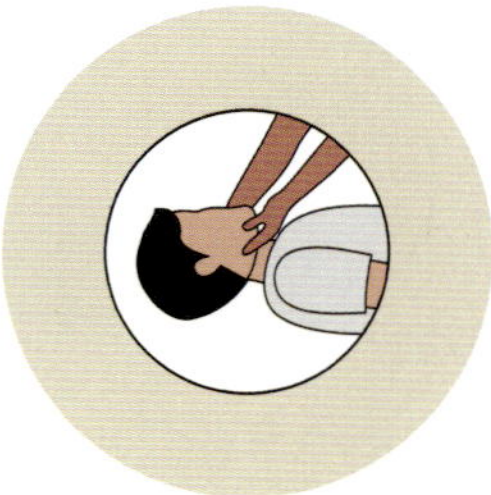

호흡 확인

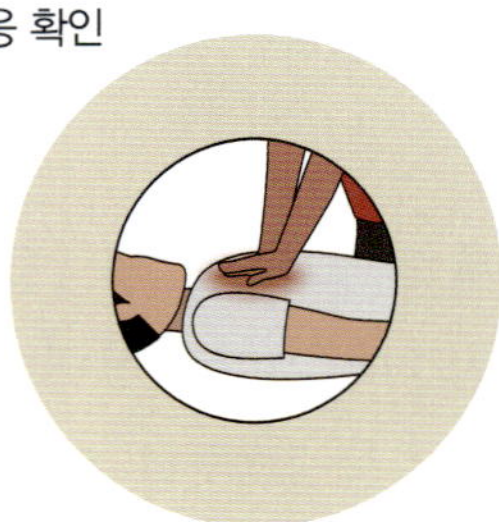

CPR 실시(압박, 호흡)

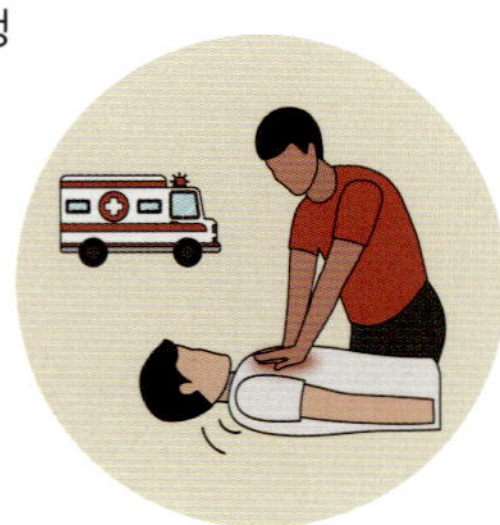

의료진이 도착할 때까지 계속 CPR 실시
(호흡이 돌아올 때까지)

5 Step CPR Guidelines

1) Step 1. 반응 확인

환자에게 다가가 바로 눕힌 후 어깨를 가볍게 두드리며, 큰 목소리로 "여보세요, 괜찮으세요?"라고 물어본다. 의식이 있는 환자는 대답을 하거나 움직이거나 또는 신음 소리를 내는 것과 같은 반응을 나타낸다. 반응이 없다면 심정지 가능성이 높다고 판단해야 한다.

2) Step 2. 도움 요청

환자의 반응이 없다면 즉시 큰 소리로 주변 승무원에게 도움을 요청한다. 도움을 요청받은 승무원은 기장/사무장에게 보고하고 즉시 자동제세동기(AED)를 가져온다.

3) Step 3. 호흡 확인

쓰러진 환자의 얼굴과 가슴을 10초 이내로 관찰하여 호흡이 있는지 확인한다. 환자의 호흡이 없거나 비정상적이라면 심정지가 발생한 것으로 판단한다.

4) Step 4. 가슴 압박 30회 시행

환자를 바닥이 단단하고 평평한 곳에 등이 닿도록 눕힌 뒤에 가슴뼈(흉골)의 아래쪽 절반 부위에 깍지를 낀 두 손의 손바닥 뒤꿈치를 갖다 댄다. 손가락이 가슴에 닿지 않도록 주의하면서, 양팔을 쭉 편 상태로 체중을 실어 환자의 몸과 수직이 되도록 가슴을 압박하고, 압박된 가슴은 완전히 이완되도록 한다. 가슴 압박은 성인의 경우 분당 100~120회 속도와 약 5cm(소아 4~5cm) 깊이로 강하고 빠르게 시행한다. '하나', '둘', '셋', …, '서른' 하고 세어 가면서 규칙적으로 시행하며, 압박된 가슴은 완전히 이완되도록 한다.

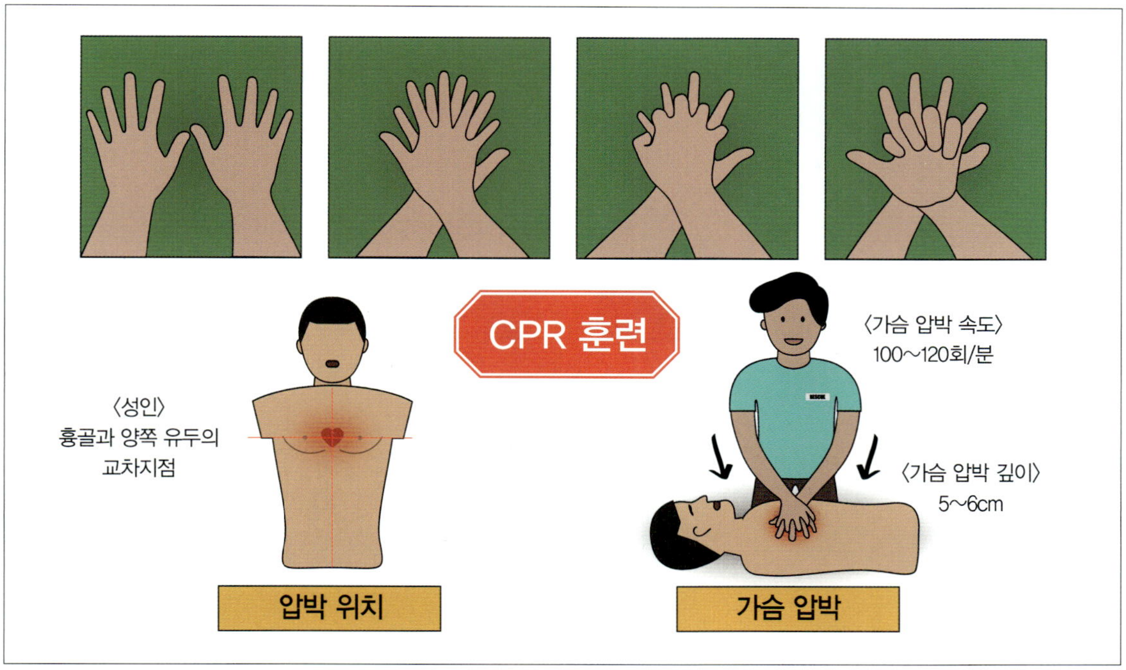

가슴 압박 시 손의 위치

5) Step 5. 인공호흡 2회 시행

환자의 머리를 젖히고 턱을 들어 올려 환자의 기도를 개방시킨다. 머리를 젖혔던 손의 엄지와 검지로 환자의 코를 잡아서 막고, 입을 크게 벌려 환자의 입을 완전히 막은 후 가슴이 올라올 정도로 1초에 걸쳐 숨을 불어넣는다. 숨을 불어넣을 때에는 환자의 가슴이 부풀어 오르는지 눈으로 확인한다. 숨을 불어넣은 후에는 입을 떼고 코도 놓아 주어서 공기가 배출되도록 한다.

성인의 CPR 시행법

Step
1

반응 확인

Step
2

도움 요청

Step
3

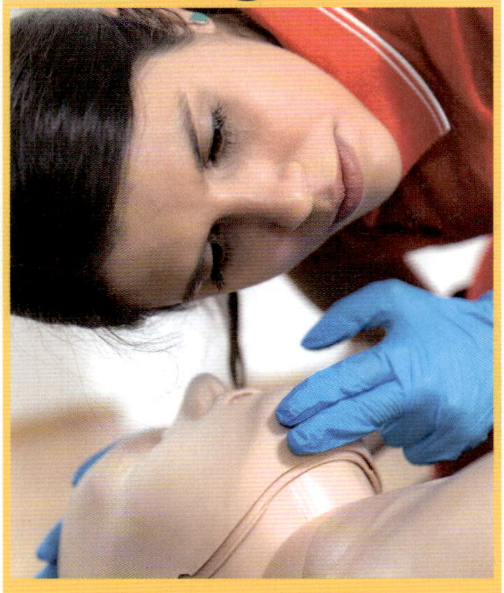

호흡 확인

Step
4

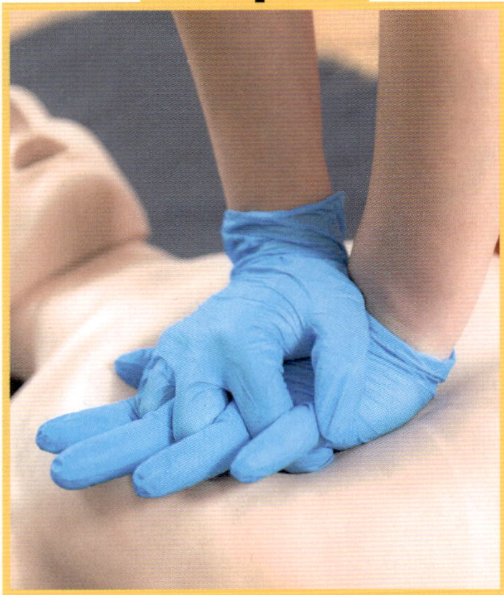

가슴 압박 30회 시행

Step
5

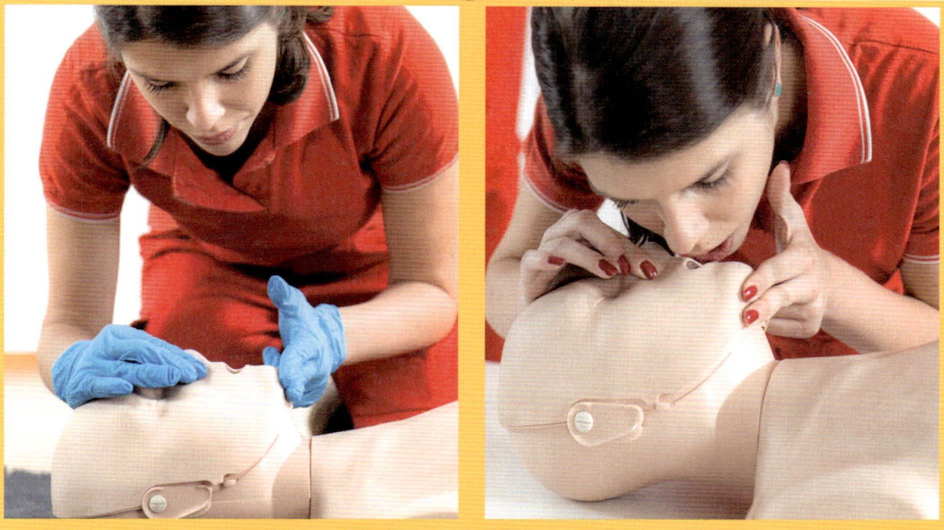

인공호흡 2회 시행

Step
6

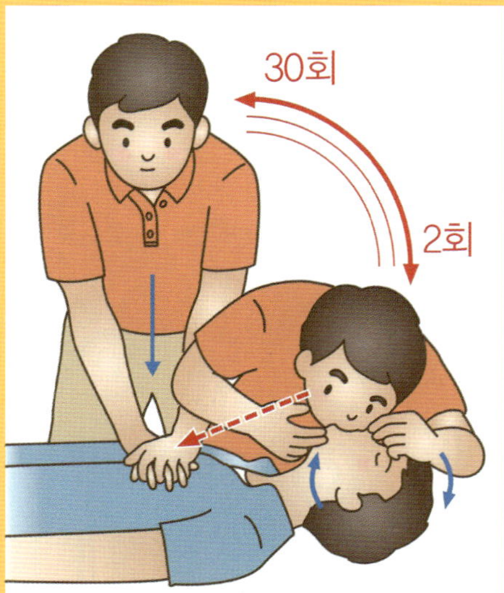

가슴 압박과 인공호흡 반복

Step
7

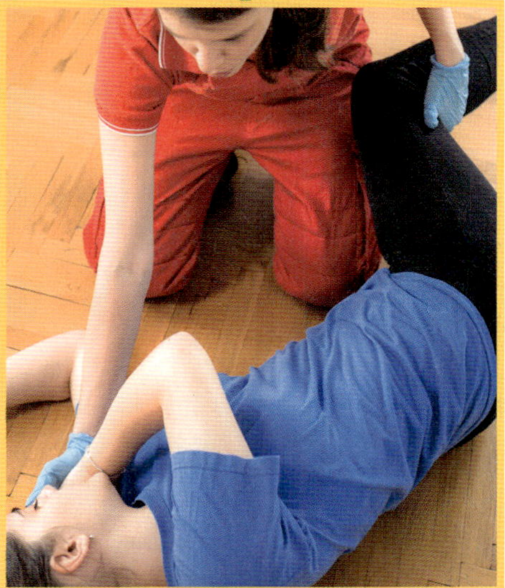

회복 자세

6) Step 6. 가슴 압박과 인공호흡 반복

이후에는 30회 가슴 압박과 2회 인공호흡을 자동제세동기(AED)가 도착할 때까지 반복해서 시행한다. 2인 승무원이 CPR을 할 경우 한 사람은 가슴 압박을 시행하고 다른 사람은 인공호흡을 맡아서 시행하며, 심폐소생술 5주기(30:2 가슴 압박과 인공호흡 5회)를 시행한 뒤에 서로 역할을 교대한다.

7) Step 7. 회복 자세

가슴 압박 소생술을 시행하던 중에 환자가 소리를 내거나 움직이면, 호흡도 회복되었는지 확인한다. 호흡이 회복되었다면, 환자를 옆으로 돌려 눕혀 기도(숨길)가 막히는 것을 예방한다. 그 후 환자의 반응과 호흡을 관찰해야 한다. 환자의 반응과 정상적인 호흡이 없어진다면 심정지가 재발한 것이므로 신속히 가슴 압박과 인공호흡을 다시 시작한다.

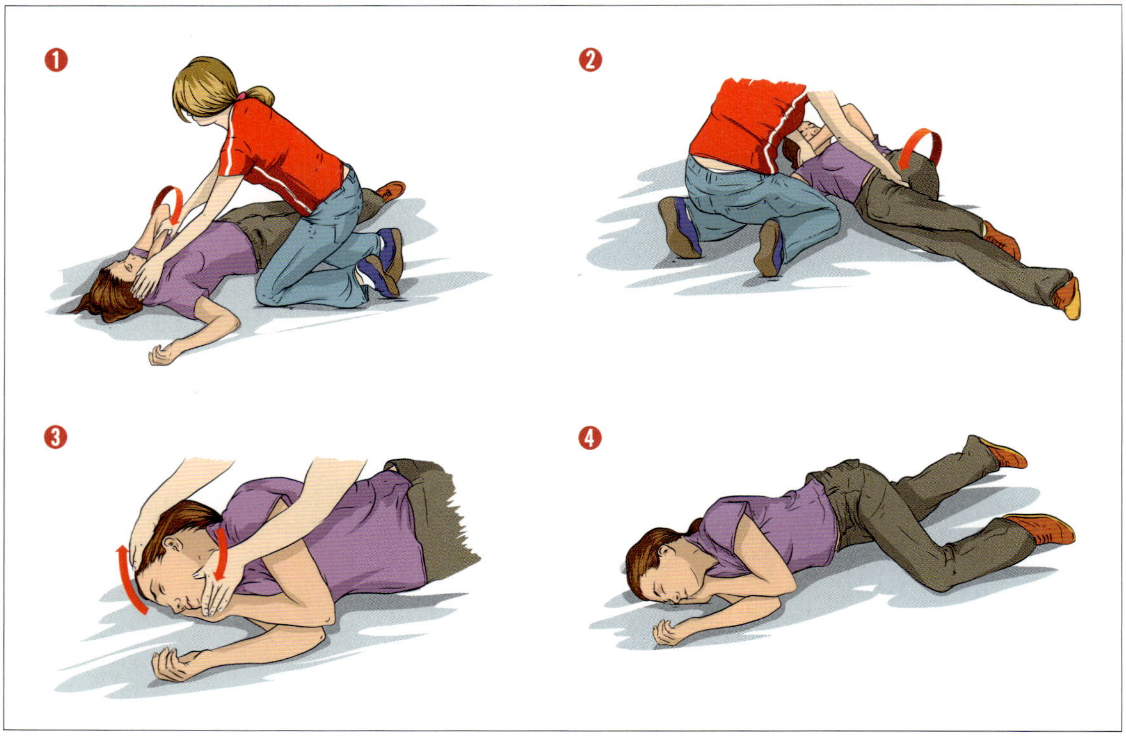

회복 자세

2. 영아의 CPR 시행법

1) Step 1. 의식 확인 및 도움 요청, 자동제세동기 요청

2) Step 2. 가슴 압박 30회 시행(한 손으로)

- 검지와 중지 또는 중지와 약지를 모은 후 환자의 복장뼈 직하부위에 놓는다.
- 시행자의 손가락은 환자의 복장뼈 직하부위와 수직이 되게 위치시킨다.
- 1분당 100회 이상의 속도와 영아 몸통의 1/3 깊이로 30회 눌러 준다.

3) Step 3. 인공호흡 2회 시행

- 한 손을 이마에 대고 기도를 유지한다.
- 영아의 입과 코에 동시에 숨을 2회 불어넣는다.
- 숨을 불어넣을 때 곁눈질로 환자의 가슴이 올라오는지 관찰한다.

4) Step 4. 자동제세동기가 도착할 때까지 무한 반복

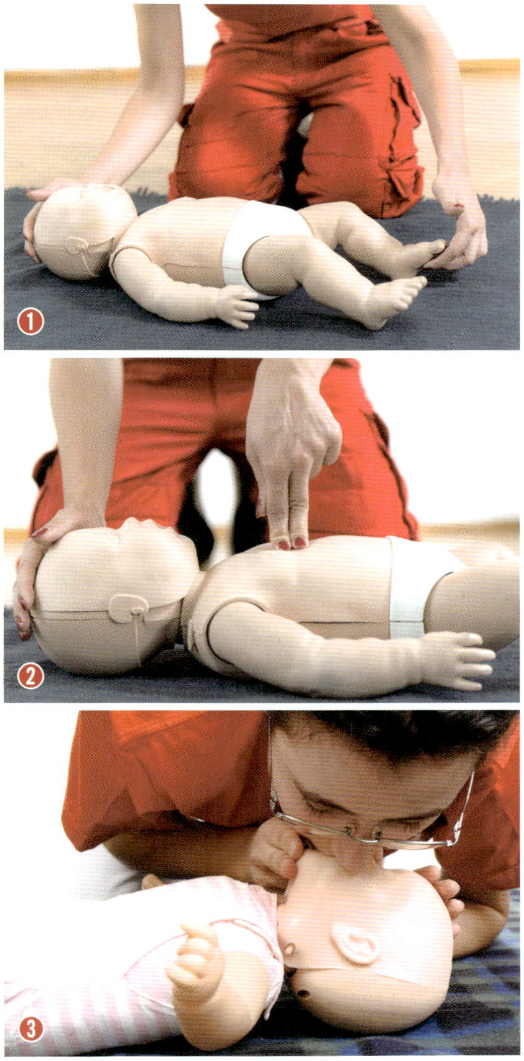

❶ 의식 확인 및 도움 요청, 자동제세동기 요청
❷ 가슴 압박 30회 시행(한 손으로)
❸ 인공호흡 2회 시행

잠깐! 점검해 볼까요?

01

응급처치

1. 기내에서 응급환자가 발생한 경우 객실 승무원이 우선적으로 취해야 할 행동원칙 4가지는 무엇인가?

02

응급환자 초기 대응원칙

1. 응급환자 발생 시 전문 의료인에게 환자를 인계하기 전까지 객실 승무원이 해야 할 응급처치를 정리해 보시오.

03 응급환자 대응절차

1. 기내 응급환자 발생 시 상황을 판단하기 위한 3가지 절차를 정리해 보시오.

2. 기내 응급환자 발생 시 대응절차를 '최초 응급환자 발견 승무원'과 '도움을 요청받은 승무원'으로 구분하여 정리해 보시오.

3. 대응절차를 응급처치 흐름도에 따라 정리해 보시오.

04 CPR(심폐소생술)

1. 성인에게 CPR을 시행하는 방법을 정리해 보시오.

2. 영아에게 CPR을 시행하는 방법을 정리해 보시오.

기내 응급환자 상황별 응급처치

Emergency Treatment by Type of Emergency Patients on Board

4

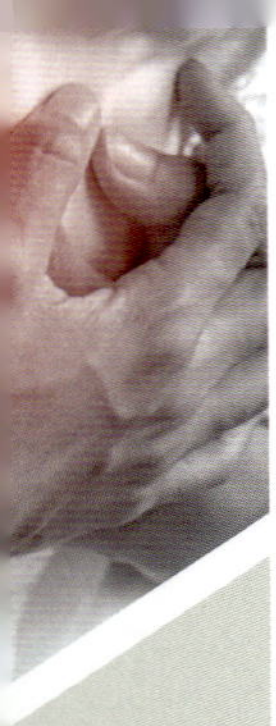

01

심장질환

Heart Disease

수행 준거

- 객실 서비스 및 객실 안전 규정에 따라 응급처치를 할 수 있다.
- 객실 서비스 및 객실 안전 규정에 따라 환자의 응급 상태를 확인하고 탑승 의사와 의료진을 신속하게 찾을 수 있다.
- 객실 서비스 및 객실 안전 규정에 따라 응급치료 장비를 탑승 의사의 협조를 구해 활용할 수 있도록 조치할 수 있다.

항공 여행 시 발생하는 사망의 가장 흔한 원인은 심장질환에 의한 심정지이다. 이때에는 심실 부정맥의 빠른 제세동이 환자의 생존율을 높이므로 항공기 내에 구비되어 있는 자동제세동기(AED)를 부착하는 것이 중요하다. 그러나 많은 경우 승객들이 수면을 하는 중에 문제가 발생하므로 위험 요소가 있는 환자라면 미리 항공사 직원에게 알려 두어야 한다. 그리고 아래와 같은 심장질환을 앓고 있는 환자(불안정성 협심증)는 항공 여행을 하지 않는 것이 좋다.

- 조절이 안 되는 심부전이나 부정맥이 있는 환자
- 2~3주 이내에 합병증이 없는 심근경색을 앓은 환자
- 6주 이내에 합병증이 있는 심근경색을 앓은 환자
- 2주 이내에 심혈관우회술(CABG)을 받은 환자
- 증상이 심한 심판막 질환이 있는 환자

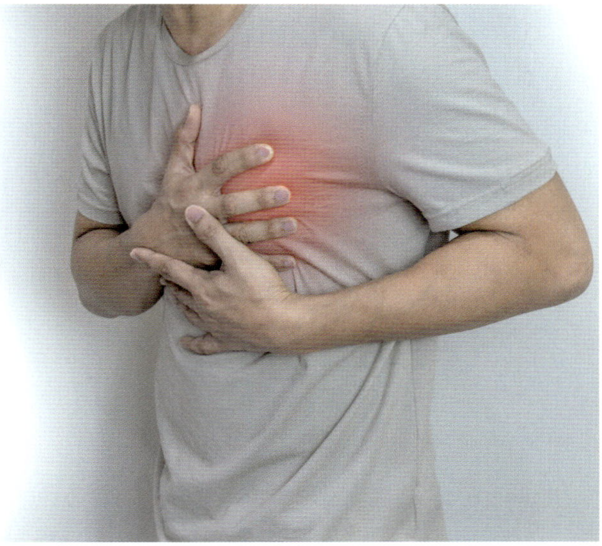

대표적인 심장질환은 급성 심근경색과 협심증인데, 두 질환은 모두 심장에 영양분을 공급하는 관상동맥(신선한 혈액을 심장으로 보내는 심장을 둘러싼 동맥 혈관)이 막히거나 좁아져서 나타난다.

1. 급성 심근경색

심장 근육으로 혈액을 공급하는 관상동맥이 혈전에 의해 막히거나 경련이 유발되어 산소 공급이 중단되는데, 산소 공급이 중단되는 경우 심장박동이 멈출 수 있다. 급성 심근경색의 가장 주된 증상은 흉통이다.

1) 증상

- 불편한 흉부 압박감
- 뭔가 가슴이 꽉 차는 듯한 느낌
- 가슴을 누르는 듯한 느낌
- 쥐어짜는 듯한 느낌
- 가슴 중앙부 통증이 수분 이상 지속되거나 등, 어깨, 팔로 방사되는 경우
- 흉부 불편감과 두통, 실신, 발한, 오심 및 호흡곤란

2) 의식이 있는 환자의 응급처치

- 환자의 병력에 대해 질문한다.
- 관련 질환으로 복용 중인 약을 소지한다면 즉시 복용하도록 안내한다.
- 환자를 진정시키고, 벨트나 의복을 느슨하게 풀어 준다.
- 신속하게 의료인에게 도움을 요청한다.

3) 의식이 없는 환자의 응급처치

- 신속하게 의료인을 호출한다.
- 즉시 심폐소생술(CPR)을 실시한다.
- 기내에 비치된 자동제세동기(AED) 및 기내 의료장비를 준비해 둔다.

2. 협심증

관상동맥이 좁아져서 심장 근육에 필요한 만큼 산소가 공급되지 못해 발생하는 흉부 불편감 혹은 통증을 말한다. 신체적으로 무리한 경우, 추위에 갑자기 노출되는 경우, 감정이 격해질 때, 과식 후에 발생하기 쉽다. 협심증을 유발하는 위험 인자로는 고령, 흡연, 비만, 운동 부족, 고혈압, 당뇨병, 허혈성 심장질환, 가족력 등이 있다.

1) 증상

협심증 환자는 대부분 급성 통증이나 운동, 활동 시에 발생하는 통증을 호소한다. 증상으로는 가슴을 쥐어짜거나 가슴이 싸한 느낌 등을 호소하며, 가슴의 정중앙이나 약간 좌측 부위의 통증을 호소하는 경우가 많다. 흉통은 호흡곤란을 동반하는 경우가 많으며, 좌측 어깨나 좌측 팔의 안쪽으로 퍼지는(방사) 경우도 있다. 대개 운동이나 활동 시, 스트레스가 많을 때 발생하며 흉통의 지속시간은 보통 5분 이내이고, 30분 이상 통증이 지속되는 경우는 거의 없다. 심근경색과 달리 대부분 활동 중에 나타나지만, 협착 정도가 아주 심하거나 급성으로 혈전이 생기는 경우에는 휴식 시에도 발생할 수 있다.

기타 협심증 증상을 요약하면 다음과 같다.

- 가슴을 쥐어짜는 듯한 느낌
- 가슴이 싸한 느낌
- 가슴의 정중앙이나 좌측 부위의 급성 통증
- 좌측 어깨나 좌측 팔의 안쪽으로 방사되는 통증
- 흉통으로 인한 호흡곤란

2) 응급처치

- 전문 의료인을 호출한다.
- 환자의 협심증, 심장질환에 관한 병력에 대해 질문한다.
- 환자가 협심증 치료제(니트로글리세린)를 소지한 경우, 즉시 혀 밑에 넣어 녹여서 복용하도록 한다.
- 환자를 진정시키고 의복을 느슨하게 해 주며 가장 편한 자세를 취하도록 한다.
- 갑작스러운 심장마비 시 즉시 심폐소생술을 실시한다.
- 기내에 비치된 자동제세동기(AED) 및 기내 의료장비를 준비해 둔다.

자동제세동기(AED)

AED 기능

AED는 심실세동(심장박동에 의해 심실의 각 부분이 불규칙적으로 수축하는 상태) 환자들에게 극히 짧은 순간에 강한 전류를 심장에 통과시켜 대부분의 심근에 활동전위를 유발하여 심실세동이 유지되지 못하도록 함으로써 심실세동을 종료시키고 심장이 다시 정상적인 전기활동을 할 수 있도록 유도하는 것이다.

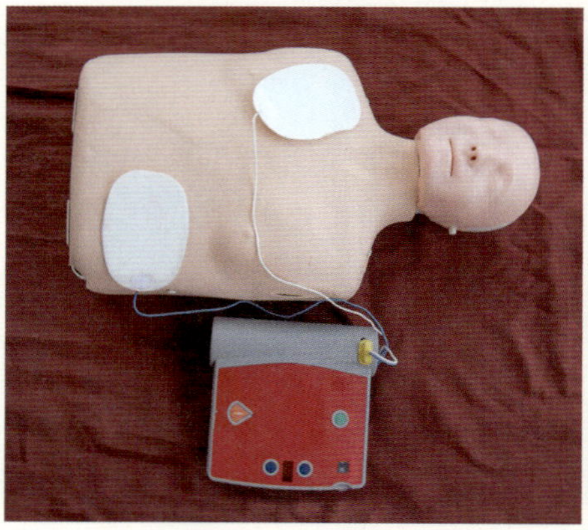

AED 사용법

❶ AED 전원 켜기

AED를 심폐소생술에 방해되지 않는 위치에 놓은 후에 전원 버튼을 눌러 전원을 켠다.

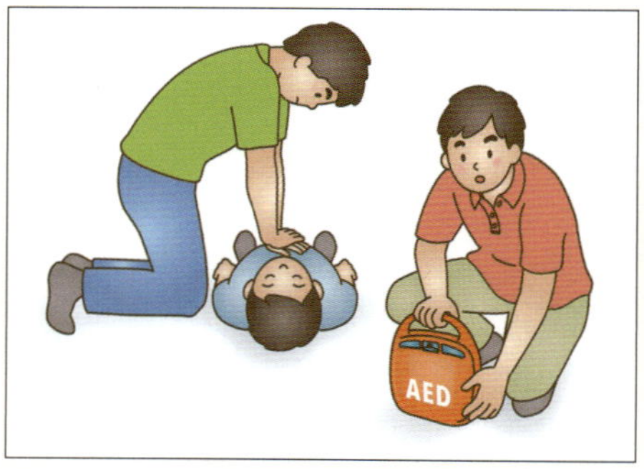

❷ 준비된 AED의 패드를 부착할 부위에 정확히 부착하기

패드 1은 오른쪽 빗장뼈 바로 아래에, 패드 2는 왼쪽 젖꼭지 옆 겨드랑이에 부착한다.

☞ 패드와 AED 본체가 분리되어 있다면 연결하고, 패드 부착부위에 이물질이 있다면 제거한다.

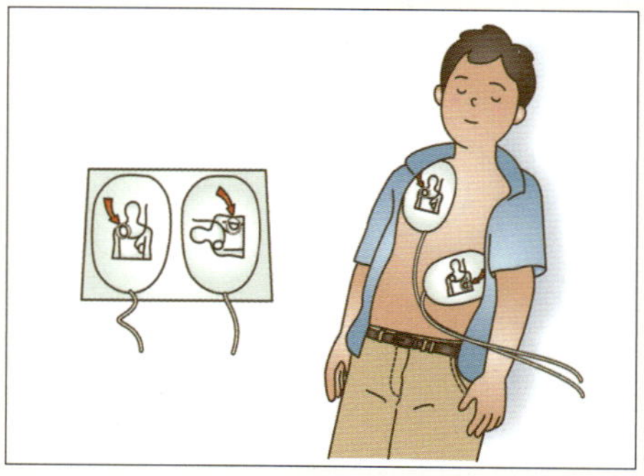

❸ 음성 지시에 따라 심폐소생술 멈추기

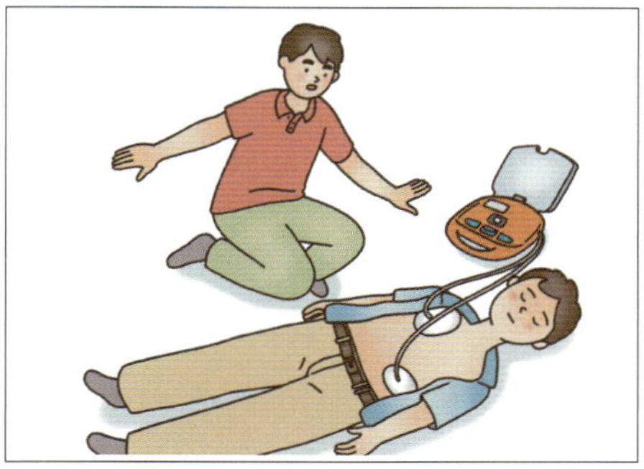

'분석 중'이라는 음성 지시가 나오면 심폐소생술을 멈추고 환자에게서 손을 뗀다.

☞ 자동 심장 충격이 필요 없는 경우에는 "환자의 상태를 확인하고, 심폐소생술을 계속하십시오."라는 음성 지시가 나온다.

❹ 음성 지시에 따라 쇼크 버튼을 눌러 자동 심장 충격 시행하기

"쇼크 버튼을 누르십시오."라는 음성 지시가 나오면 점멸하고 있는 쇼크 버튼을 눌러 자동 심장 충격을 시행한다.

☞ 쇼크 버튼을 누르기 전에 반드시 다른 사람이 환자에게서 떨어져 있는지 확인한다.

❺ 가슴 압박과 인공호흡 실시

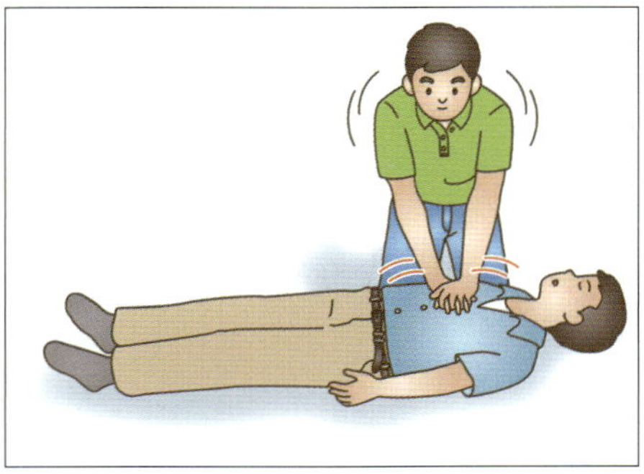

자동 심장 충격을 시행한 뒤에는 즉시 가슴 압박과 인공호흡 비율을 30:2로 하여 심폐소생술을 다시 시행한다.

☞ AED는 2분마다 심장 리듬 분석을 반복해서 시행하며, 심폐소생술 도중에 기계에서 음성 메시지가 나오면 기계의 지시에 따라 절차를 반복한다. 제세동이 필요하지 않다는 음성 메시지가 나오면 지체 없이 가슴 압박을 시작으로 심폐소생술을 시작한다.

AED 기본 음성 메시지

- Apply pads to patient's bare chest.
  패드를 환자의 가슴에 붙이시오.
- Plug in pads connector next to flashing light.
  패드를 연결하시오.
- Analyzing heart rhythm. Do not touch the patient.
  심장 리듬 분석 중. 환자를 건드리지 마시오.
- Shock advised, Charging. Stay clear of patient.
  전기충격이 필요함. 환자로부터 떨어지시오.
- Deliver shock now. Press the orange button now.
  전기충격을 위해 오렌지색 버튼을 누르시오.
- Shock delivered, Paused. Start CPR.
  전기충격, 잠시 대기. CPR을 계속하시오.

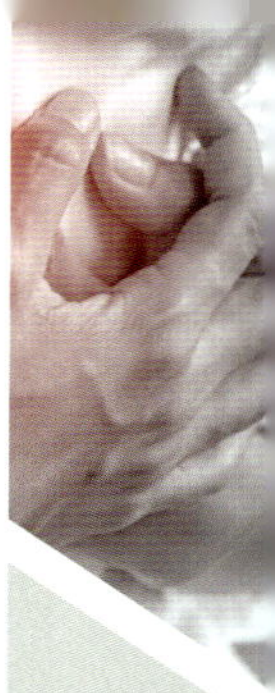

02

뇌졸중
Stroke

뇌에 분포하는 동맥 혈관이 혈전으로 막히거나 터지면서 유발되는 질환이다. 뇌졸중은 혈전으로 막혀 피가 통하지 않는 뇌경색과 혈관이 터져 뇌조직에 산소가 공급되지 않는 뇌출혈로 나뉜다. 산소가 공급되지 않으면 뇌세포는 기능이 정지되고 수분 내에 세포가 파괴된다. 이런 세포 파괴가 일어나는 경우 그 기능은 영구적으로 남게 된다. 그러나 뇌졸중을 빨리 인지하고 적절한 치료(뇌졸중 발생 후 3~6시간 이내)를 시행하면 뇌손상을 최소화할 수 있다.

항공기 내에서 뇌졸중이 발생한 경우 정확한 검사나 응급처치를 시행하기에는 한계가 있지만, 증상의 악화를 막기 위해 가능한 응급처치를 한다.

1) 증상

- 메스꺼움, 호흡곤란
- 허탈함과 무기력함
- 두통이나 현기증
- 어지러움, 몸의 균형을 잡기 어려움
- 신체의 반쪽이나 일부분의 마비현상, 무감각
- 대소변을 통제하지 못함
- 언어 표현 불편, 표현력 둔화
- 경련, 얼굴 반쪽 근육이 마음대로 움직이지 않음

2) 응급처치

- 전문 의료인을 호출한다.

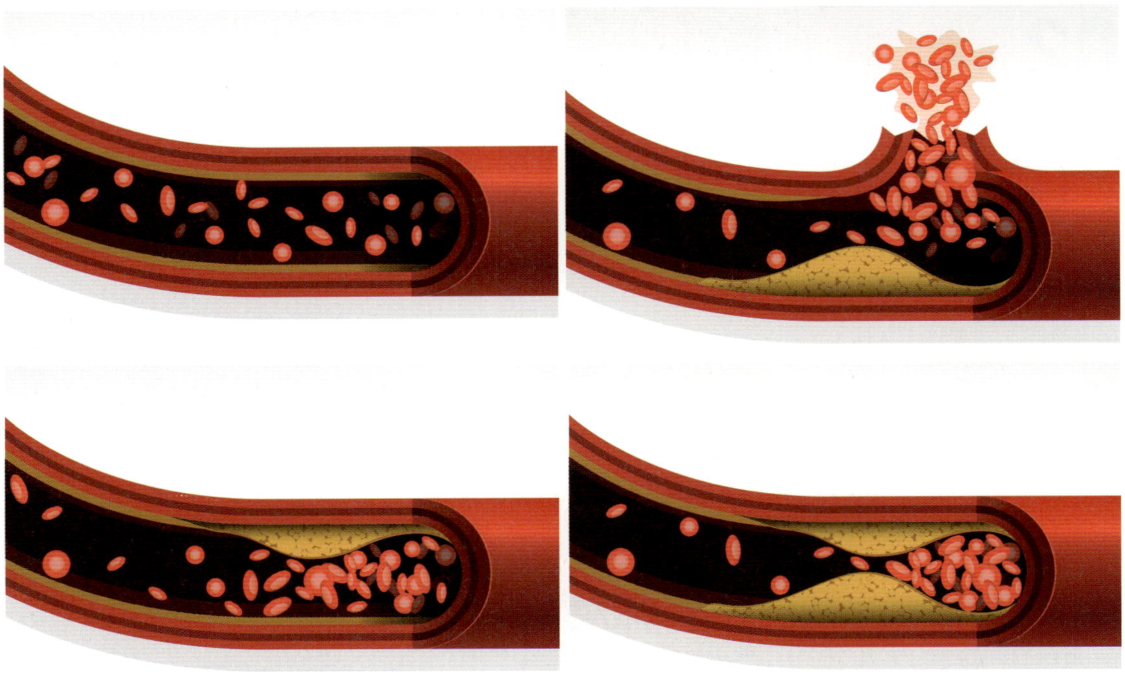

- 환자가 뇌질환 관련 혈전 용해제나 항응고제, 항혈소판 제제를 소지한다면 약을 복용하도록 돕는다.
- 쇼크 상태가 아닌 한 머리를 약간 세워서 눕힌 후, 머리 주위와 가슴, 배 등의 옷을 느슨하게 풀어 숨쉬기 편하게 해 주고, 몸을 담요로 덮어 따뜻하게 감싸 준다.
- 저산소증이 동반될 수 있으므로 기도를 유지하고, 필요 시 산소를 공급한다.
- 환자와 지속적으로 천천히 대화를 한다.
- 토사물에 기도가 막히지 않도록 입이나 코로 나오는 침이나 구토물 등을 닦아 내고, 환자에게 먹을 것이나 마실 것을 주지 않는다.
- 의식이 없는 경우 즉시 기도를 유지하고 산소를 공급한다.

03

당뇨
Diabetes

음식물을 몸 안에서 사용하는 에너지원인 혈당으로 만들고 이를 사용하는 데 기능을 하는 호르몬인 인슐린을 몸 안에서 필요한 만큼 생성해 내지 못하는 질환이다. 당뇨가 있으면 몸 안의 혈당을 조절하지 못하기 때문에 음식 조절이나 여러 혈당 조절 약제가 필요하다.

당뇨병 환자의 응급상황으로 혈당이 너무 낮거나 높은 경우 의식 소실 등의 심각한 증세를 유발할 수 있다. 그러나 저혈당이나 고혈당을 조기에 발견하면 이를 막거나, 증세를 호전시키는 것이 가능하다. 그러므로 가족이나 주변 사람 중에 당뇨병 환자가 있는 경우, 저혈당 혹은 고혈당 증상을 알아 두어 초기에 발견하고 처치하는 것이 중요하다. 기내에서 당뇨병 환자가 저혈당에 빠질 경우 쇼크에 이르는 위험한 상태로 이어질 수 있으므로 신속한 조치가 필요하다.

공복 혈당의 정상 수치는 100mg/dl를 넘지 않는 것이며 126mg/dl를 넘을 경우 당뇨병으로 본다. 당뇨를 일으키는 위험인자를 조절하여 당뇨를 예방할 수 있다. 저혈당은 인슐린 흡수도 변화, 활동량 변화, 식습관 변화 등에 의해 발생할 수 있다. 반면에 고혈당은 음식을 잘 먹지 않거나, 인슐린 주사 혹은 경구 혈당 강하제를 먹지 않거나, 세균이나 다른 원인의 신체 감염에 의해 생길 수 있다.

1. 유형별 증상

1) 저혈당을 의심할 수 있는 증상

아래 기술된 증상들이 매우 갑작스럽게 발생한다.

- 균형을 잘 잡지 못하고 비틀거림
- 심하게 땀을 흘림
- 갑자기 화를 내거나 분노함
- 갑자기 떨림, 창백해짐, 두통 혹은 경련
- 의식이 혼미해지거나 횡설수설을 함
- 울렁거림과 구토
- 갑자기 배가 고프다고 함
- 심한 경우 의식 소실

2) 고혈당을 의심할 수 있는 증상

아래 증상들이 서서히 나타난다.

- 매우 목이 마름, 빈번하게 소변을 봄
- 숨쉴 때 입에서 약간 달짝지근한 듯한 이상한 냄새가 남
- 피곤하고 졸리며 힘이 없음
- 입맛이 없고 울렁거리고 토함, 복통
- 따뜻하고 충혈된 피부색
- 경련 혹은 의식 소실

2. 유형별 응급처치

1) 저혈당 응급처치

- 과일 주스나 캔디, 당분이 들어 있는 음료수를 제공한다.
  ☞ 다이어트 음료수는 당분을 함유하지 않은 경우가 많으므로 적절하지 않다.
- 주스 등의 당분을 제공하고 10분이 경과한 후에도 증상이 남아 있는 경우 당분이 들어 있는 음료수나 식품을 다시 제공한다.
- 15분이 지나도 증상이 호전되지 않으면 전문 의료진의 도움을 받는 것이 좋다.

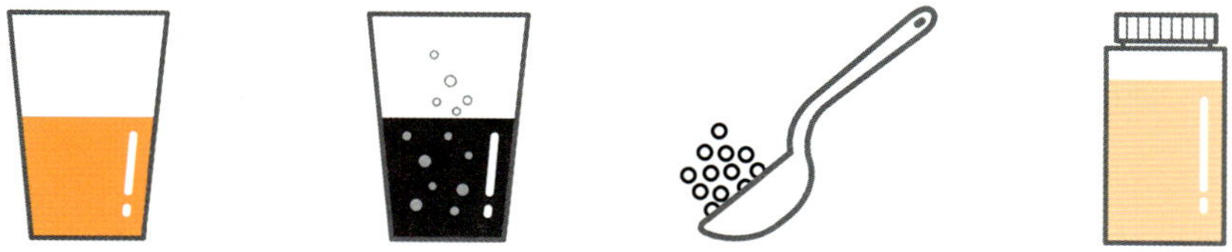

저혈당 응급 식품(당질 15g 함유)의 예

2) 고혈당 응급처치

- 환자가 인슐린이나 당뇨약(경구 혈당 강하제) 복용을 잊었다면 이를 먹도록 한다.
- 환자에게 당분이 없는 물을 먹인다.
- 15분 이상 증세의 호전이 없는 경우 전문 의료인의 도움을 받는 것이 좋다.

3) 저혈당/고혈당 판단이 어려운 경우 응급처치

- 소량의 각설탕을 혀 밑에 넣어 본다.
- 환자의 기도 유지, 호흡 유무, 맥박 유무를 확인한다.
- 환자의 쇼크 유발 방지를 위해 다리를 높이고 담요로 따뜻하게 해 준다.
- 척추 손상이 있을 수 있으므로 환자를 옮기지 않도록 한다.
- 당분이 들어 있는 음식이나 물을 먹인다.
- 처치 후 15분 이상 증세의 호전이 없는 경우 전문 의료진의 도움을 받는다.

04

천식
Asthma

특정한 자극원(꽃가루, 담배 연기, 찬 공기, 공해 물질, 먼지, 진드기, 동물 털 등)에 노출될 때 기도에 생긴 염증이 기도 내의 공기 흐름을 막아 호흡곤란이 유발되는 질환으로 반복적이며 평생 지속되기도 한다. 대부분 천천히 증세가 진행하여 약물을 조기에 투여하면 질환의 진행을 막을 수 있고 증세를 없앨 수도 있다. 약물을 투입하는 방법으로 흡입기가 있는데, 이는 매우 효과적이다.

항공기는 밀폐된 곳이고 많은 승객이 상존하는 공간이므로 기내 먼지, 산소 부족, 스트레스, 불안 등의 요인에 의해 천식이 발생하거나 악화될 수 있다.

1) 경 · 중등도 천식 발작 증상

- 평상시보다 호흡이 더 빠르고 힘들다.
- 숨을 내쉬기가 힘들다. 숨을 쉬는데 쌕쌕거리는 소리가 난다.
- 가슴이 답답하다.
- 마른기침을 자주 하고 특히 저녁에 심하다.
- 맥박이 빨라진다.
- 피부가 창백해진다.
- 불안해한다.
- 열이 나거나 토할 수 있다.
- 의식이 약간 떨어지며 집중하기가 힘들다.

2) 중증 천식 발작 증상

- 천식 약을 사용해도 반응이 없거나, 4시간 이내에 다시 약이 필요해진다.

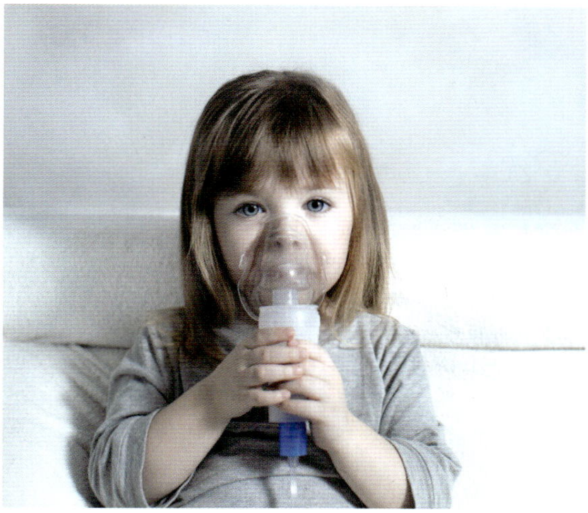

벤톨린 흡입제

- 피부에 검푸른 색이 생겨난다(혈액 내 산소가 부족한 증거).
- 잦은 맥박(빈맥)이 분당 120회 이상 나타난다.
- 숨쉬기가 점점 힘들어지며 숨소리가 들리지 않는다.
  ☞ 소리를 낼 수 있을 만큼 공기가 움직이지 않기 때문이다.
- 기침을 하지 못한다.
- 의식을 잃는다.

3) 응급처치

천식은 알레르기 질환으로 평소에도 증상이 있으므로 환자가 증상에 대한 위험성을 빨리 인지하지 못하나, 상시 복용 약물을 소지하는 경우가 많다. 환자가 자신의 비상 약물을 소지한다면, 환자를 안정시키고 약물을 복용하도록 돕는다.

- 환자에게 약물이 있다면 즉시 복용하도록 돕는다.
- 증상이 심한 경우 산소통과 산소마스크를 사용하여 산소를 공급하도록 한다.
- 필요 시 의사의 처방에 따라 기내 의료장비 EMK 안에 있는 '벤톨린 흡입제'를 사용한다.

05 심부정맥 혈전증

Deep Vein Thrombosis(DVT)

심부정맥 혈전증은 하지 내 정맥의 혈류 장애로 정체된 혈액이 응고되어 혈전이 발생하는 질환이며, 이코노미 클래스 증후군이라고도 불린다. 좁은 공간에서의 장시간 비행은 근골격 계통 및 혈액순환이 원활하게 이루어지지 않아 불편함을 호소하거나, 심부정맥 혈전이 발생하여 다리에 부종과 동통이 생길 수 있다. 특히 기내 습도가 5~15%로 낮고 기압과 농도도 지상의 80% 수준으로 혈류가 둔해지기 때문에 혈전이 생기기가 더 쉽다.

따라서 기내에서 규칙적으로 손, 발, 허리, 목 등을 가볍게 풀어 주거나 마찰을 해 주는 것이 좋다. 다발성 혈전증, 폐동맥 색전증 등의 과거 병력이 있는 고도의 위험요인을 지닌 승객의 경우, 항공 여행을 하기 전에 담당 주치의와 충분히 상의해야 한다.

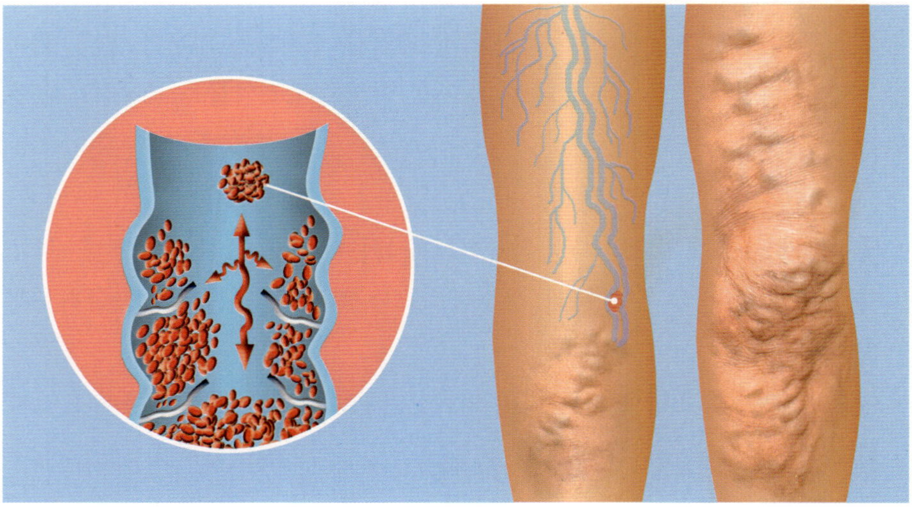

1) 증상

- 하지의 피부색이 변한다.
- 갑작스럽게 하지 부종이 생긴다.
- 보행 시 장딴지 통증이 뒤따를 수 있다.
- 혈전증이 생긴 정맥의 주행 방향(혈관에서 혈액이 흐르는 방향)을 따라 압통(누르면 생기는 통증)이 생길 수 있다.
- 피부에서 혈관이 만져지기도 한다.

2) 응급처치

- 다리 위치를 다른 부위보다 높게 올려 준다.
- 물을 충분히 마시게 하고 필요하면 산소를 공급한다.
- 좌석에 계속 앉아 있지 말고, 약 1시간 간격으로 일어나 걷도록 한다.
- 좌석에 앉아 있는 동안에도 발과 다리를 일정시간 간격으로 스트레칭한다.
- 몸을 웅크린 채로 장시간 잠자지 않는다.
- 심부정맥 혈전증의 위험이나 과거력이 있는 경우에는 의료용 탄력 스타킹을 착용한다.

심부정맥 혈전증의 기내 예방법

- 일정한 시간 간격을 두고 가벼운 스트레칭과 마사지를 하거나 기내 통로를 걷는다.
- 풋크림을 듬뿍 바르고 기내용 양말이나 슬리퍼를 신어 발의 피로를 풀어 준다.
- 수분을 충분히 섭취한다.
- 고령자, 임신부, 최근 수술을 받았다면 탄력 스타킹을 착용한다.
- 최근에 수술을 받은 경우 6시간 이상 비행 시 심부정맥 혈전증 예방 치료가 필요할 수 있다. 여행 전에 담당 의사와 반드시 상의하도록 한다.
- 반지 등 몸에 꽉 끼는 장신구는 몸이 붓는 현상으로 인해 간혹 심각한 상황을 유발할 수 있으므로 비행기가 출발하기 전에 제거한다.

(출처: 대한항공 홈페이지)

06 두통

Headache/Cephalalgia

두통은 어떻게 정의하느냐에 따라 다르지만, 일차 진료에서 여성의 약 65~80%와 남성의 57~75%가 경험하는 질환이다. 연령 증가에 따라 두통의 빈도는 감소하나 병원을 방문하는 횟수는 늘고 있다.

두통은 크게 일차성 두통과 이차성 두통으로 나눈다. 환자 자신은 두통 때문에 굉장히 고통스럽지만 아무리 심해도 생명을 위협하는 경우는 거의 없다. 그러나 두통이 반복적으로 발생하기 때문에 환자가 진통제를 남용하면 만성화되어 치료하기가 어려운 난성 두통이 될 수 있다. 대표적인 일차성 두통에는 편두통, 긴장형 두통, 군집성 두통 등이 있다.

이차성 두통은 원인 질환이 있어 발생하는 두통으로, 원인 질환으로는 뇌출혈, 뇌종양, 뇌막염 같은 심각한 질환이 있다. 이차성 두통은 대체로 일차성 두통과 양상이 다르지만 비슷하게 나타나는 경우도 있어 누구든지 두통이 발생하면 일단 신경과 전문의의 진료를 받는 것이 좋다.

편두통

강도, 빈도, 지속시간에 있어 다양한 정도로 나타나는 반복적인 두통이다. 대개 머리의 한쪽에서 시작하면서 식욕저하, 오심, 구토 등을 동반하는데, 일부에서는 두통이 발생하기 수시간 전부터 감각장애, 기분장애 등이 나타날 수 있다. 유병률은 남자의 약 6%, 여자의 약 15%에서 나타나며, 40대에서 정점을 이루다가 그 후 줄어든다. 유전적 또는 체질적으로 뇌신경 세포가 자극에 예민한 사람에게 발생하며 60~90%에서 가족력을 갖고 있다.

1) 두통을 유발하는 관련 질환

- 임상적으로 갑자기 시작되는 두통은 출혈성 뇌졸중 같은 뇌혈관 질환에 의한 것일 확률이 높다.
- 수일 내지 수주간에 걸쳐 두통이 심해지면 뇌막염, 뇌종 전신감염 등을 생각해야 한다.
- 수개월 내지 수십 년간 지속되거나 반복되는 두통은 대부분 일차성 두통인 편두통이나 긴장형 두통이지만 아주 서서히 자라는 뇌종양에서 비롯될 확률도 있다.
- 두통과 함께 반신마비나 경련 같은 신경증상이 동반되거나, 갑자기 메스꺼움, 구토, 발열, 의식 변화 등이 함께 나타나거나, 만성통을 앓던 사람에게 새로운 양상의 두통이 발생하는 경우 정밀진단과 전문적인 치료가 필요하다.
- 두통을 호소하는 사람들은 심각한 기질적 질환을 갖고 있지 않은 경우가 대부분이지만, 두통으로 일상생활에 지장을 받는 경우가 많고 두통의 원인을 찾아내기 위해 검사를 받거나 약을 먹고 입원하는 경우도 있다.

2) 주의를 요하는 두통 증상

- 갑자기 시작하는 처음 하는 심한 두통
- 의식의 변화가 있는 두통
- 구토가 동반되는 두통

- 50세 이후에 새로 시작되는 두통
- 점점 심해지는 두통
- 운동, 기침, 재채기를 할 때 발생하는 두통
- 열, 발진 또는 목의 경직이 동반되는 두통
- 고혈압과 서맥이 있는 두통

3) 응급처치

- 조용하고 캄캄한 방에서 수면을 취한다.
- 규칙적으로 충분히 수면을 한다.
- 긴장을 완화한다.
- 편두통을 유발할 수 있는 요인과 상황을 피한다.
- 규칙적으로 유산소 운동과 스트레칭 운동을 한다.
- 카페인이 함유된 음료를 절제한다.
- 술을 절제한다.

07

화상
Burn

불이나 뜨거운 물, 화학 물질 등에 의해 피부 및 조직이 손상된 것을 말하며, 일반적으로 증상에 따라 1도, 2도, 3도로 구분한다. 정도를 파악할 때에는 화상을 입은 넓이와 깊이에 따라 중증도를 결정한다.

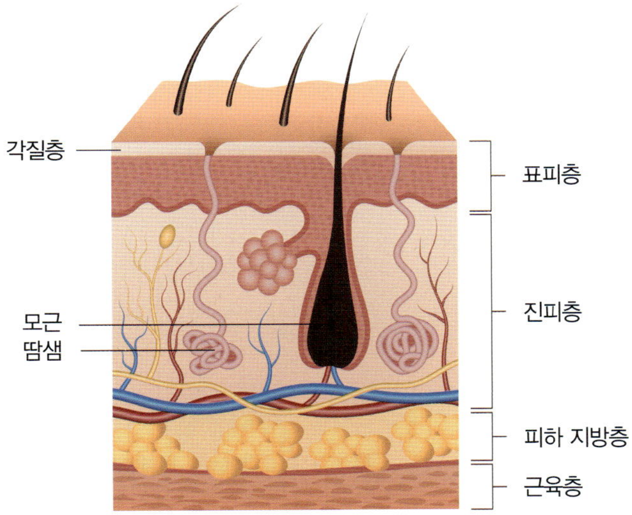

피부의 구조

1. 화상 깊이에 따른 증상

1) 1도 화상

화상부위의 피부가 붉어지고 부어오르며 통증을 느낀다.

2) 2도 화상

화상부위에 수포가 생기고 화상부위가 1도 화상보다 광범위하며 통증이 심하다.

3) 3도 화상

- 화상부위가 검게 타 있거나 피부 조직이 손상되어 뼈가 드러나 보일 수도 있다.
- 신경 손상으로 통증을 느끼지 못하거나, 주위에 남은 손상 조직에 극심한 통증을 느끼기도 한다.
- 3도 정도의 상태라면 쇼크 상태에 빠질 수 있다.

화상 깊이에 따른 손상의 정도

	1도 화상	2도 화상	3도 화상
손상 조직	표피, 각질층	표피, 진피층	피부 전 층
외견	발적, 충혈	물집, 발적, 부어오름, 물기	괴사, 탄화, 건조, 희어짐
증상	통증, 열감	심한 통증, 작열감, 감각 둔화	무통증, 무감각
치유 기간	약 5~10일	약 2~8주간	자연 치유 불가
흉터	남지 않음	2도 화상(경): 거의 남지 않음 2도 화상(중): 남기 쉬움	남음

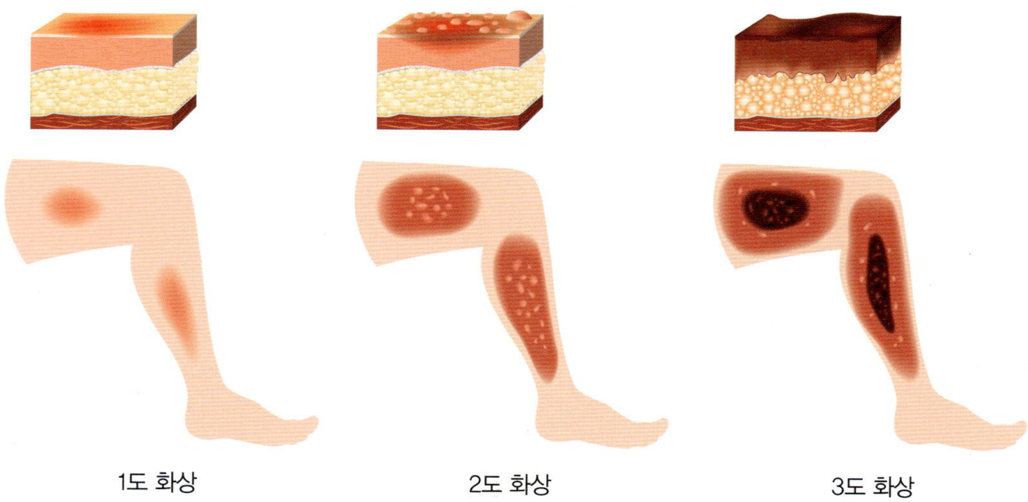

2. 화상 깊이에 따른 응급처치

1) 일반 응급처치

화상 초기에는 흐르는 물이나 차가운 물 등으로 식힌다. 그러나 2도 이상 화상의 경우 전문적인 치료가 필요하다. 이때 물집이 잡힌 병변을 터트리면 이차 세균 감염이 일어날 수 있으므로 터트리지 말아야 하며, 이미 터진 경우에는 항생제 연고를 바르는 것이 도움이 된다. 통증이 동반되는 경우 소염 진통제를 복용해야 하고 심한 경우 마약성 진통제를 복용할 수 있다.

1도 화상의 경우 피부 보습제 등을 바르는 것으로 손상된 피부를 보호할 수 있으나, 2도 이상의 화상 병변에는 멸균 드레싱을 시행해야 한다. 화상으로 피부가 손상된 부위에는 피부 이식이 필요하며 최근에는 피부 대체물 등을 사용하기도 한다.

2) 1도 또는 2도 화상

- 착용하고 있는 장신구를 벗기고 화상이 있는 부위를 노출시킨다.
- 미지근한 물로 상처를 헹궈 주고 화상부위를 식염수 또는 FAK, EMK 안에 있는 소독약 포비돈(Povidone–iodine) 면봉으로 소독한다.
- 화상 연고를 바른 후 붕대를 감아 준다. (화상부위에 압착되지 않도록 느슨하게 감는다.)
- 2도 화상의 경우 이차 감염을 예방하기 위해 수포를 터트리지 않는다.

3) 3도 화상

- 착용하고 있는 장신구를 벗기되 무리하지 않게 화상부위를 노출시킨다.
- 미지근한 물로 상처를 헹궈 주고 화상부위를 식염수 또는 FAK, EMK 안에 있는 소독약 포비돈(Povidone–iodine) 면봉으로 소독한다.
- 화상 연고를 바른 후 붕대를 감아 준다. (화상부위에 압착되지 않도록 느슨하게 감는다.)
- 수포를 터트리지 않고 피부를 벗겨 내지 않는다.
- 피부에 붙어 있는 옷이나 물질을 제거하지 않는다.
- 동상을 유발할 수 있으므로 얼음이나 차가운 수건을 사용하지 않는다.
- 3도 화상 환자라면 쇼크에 대비하며 쇼크가 있다면 응급처치를 시행한다.

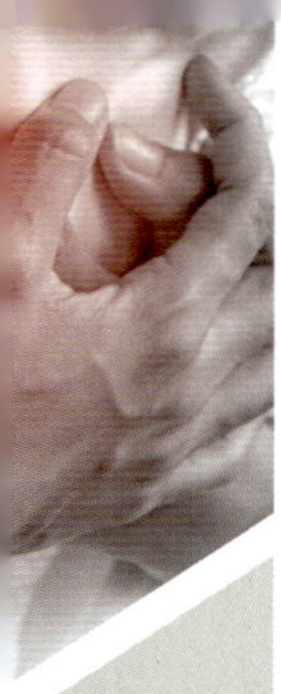

08

골절

Fracture

골절은 외부의 물리적 충격이나 압박을 받아 뼈의 연속성이 파괴되는 현상으로, 쉽게 말해 뼈가 부러지는 것을 말한다. 골절은 심한 통증 및 부종을 동반하는 응급상황이라고 볼 수 있다. 골절된 뼈 주위의 피부가 찢어지지 않은 경우 폐쇄성 골절이라고 하고, 골절로 피부에 상처가 나거나 부러진 뼈가 피부를 뚫은 경우 개방성 골절이라고 한다. 개방성 골절은 심한 출혈의 위험과 함께 세균이 피부와 골절된 뼈로 들어갈 수 있어 골수염과 같은 감염의 위험이 심각하다.

1) 증상

- 골절의 가장 일반적인 증상은 통증 및 압통(누르면 아픈 것)이다.
- 손상부위를 움직이기 힘들다.
- 움직일 때 뼈를 비비는 것 같은 느낌이 든다.
- 실제 부러진 부분과 멀리 떨어져 있는 부분을 만지거나 누르면 통증이 있다.
- 손상부위가 상당히 부어 있으며 피부 밑 출혈도 동반한다.
- 손상부위가 비정상적으로 흔들린다.
- 개방성 골절인 경우에는 손상된 피부에서 부러진 뼈가 관찰된다.

2) 응급처치

- 주변 상황이 위험하지 않다면 환자를 가급적 옮기지 않는다. 환자를 고정하기 전에 이송해서는 안 된다.
- 골절부위를 원상태로 돌려 놓으려고 무리한 시도를 하지 않는다. 뼈가 외부로 노출된 경우에도 억지로 뼈를 안쪽으로 밀어 넣으려 하지 않는다.

☞ 골절 환자를 함부로 옮기거나 무리하게 뼈를 맞추려고 시도하는 경우 부러진 뼈끝이 신경, 혈관, 근육 등을 더 손상시킬 수 있다.

- 골절부위에 출혈이 있으면 깨끗한 거즈나 천으로 압박하여 지혈하고 부목을 대기 전에 드레싱을 먼저 시행한다.
- 부목을 사용하여 골절부위를 고정한다.
- 다친 곳을 심장보다 더 높이 들어 올린다. 이 처치는 부종을 줄이는 데 도움이 된다.
- 얼음을 대 주거나 찬물 찜질을 한다. 이 처치는 혈관을 수축시켜 부종과 염증을 줄이고 통증과 근육 경련을 줄인다.
- 가능한 한 움직이지 않도록 한다. 환자의 자세를 편안하게 해 주고 더 이상의 외상과 통증을 유발하지 않도록 한다.

부목 사용

부목의 용도

통증을 경감하고 부러진 뼈끝이 움직이지 않도록 하여 근육, 신경, 혈관이 더는 손상되지 않도록 하는 것이다.

부목 사용 시 원칙과 주의점

- 부목을 대기 전에 다친 곳 아래를 만져 보아 감각이 있는지, 맥박을 만져 혈액순환이 잘 되는지, 사지를 움직이게 하여 운동 능력이 있는지 확인한다.
- 부목을 대기 전에 상처부위를 깨끗하게 드레싱하고 부목은 상처의 반대편에 댄다.
- 다친 부위가 보일 수 있도록 한다.
- 부목을 너무 타이트하게 대면 좋지 않다.

사용법

❶ 딱딱한 물체를 다친 팔이나 다리에 대어 묶어 주는 방법

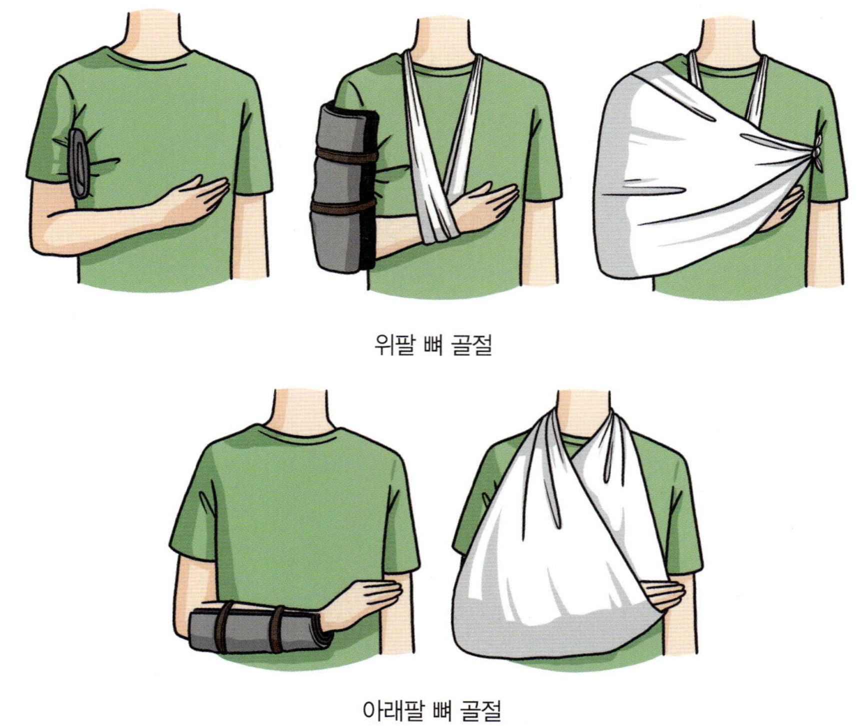

위팔 뼈 골절

아래팔 뼈 골절

- 막대기, 젓가락, 자, 돌돌 만 신문이나 잡지, 종이 상자 등을 부목으로 이용한다.
- 팔이나 다리가 구부러지지 않는 위치에 부목을 대고 로프, 벨트 등으로 묶는다.
- 부목의 길이는 골절부위의 위아래 관절을 함께 고정하여 움직이지 않도록 길게 하고 폭은 골절부위보다 더 넓은 것이 좋다.

  ☞ 아래팔을 다친 경우, 팔꿈치 위부터 손목 아래까지 부목을 댄다.
- 다친 부위를 심장보다 더 높이 올린 상태에서 부목을 댄 후 붕대를 감아 고정한다.

❷ 다친 팔이나 다리를 몸의 다른 부위에 붙여 묶는 방법

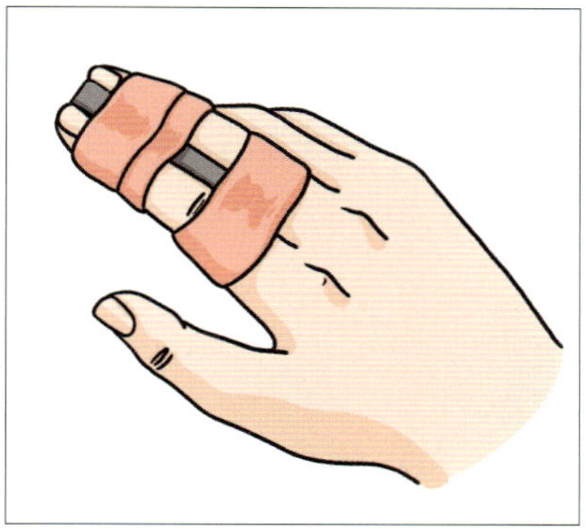

다친 손가락이나 발가락을 다치지 않은 옆의 손 · 발가락과 같이 묶는 방법이다.

❸ 다친 팔을 환자의 가슴에 붙여 묶는 방법

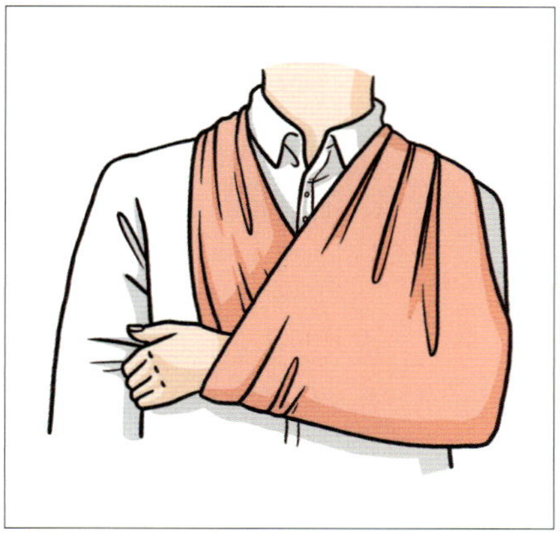

다친 팔을 환자의 가슴에 붙여 팔이 움직이지 못하게 고정하는 방법이다.

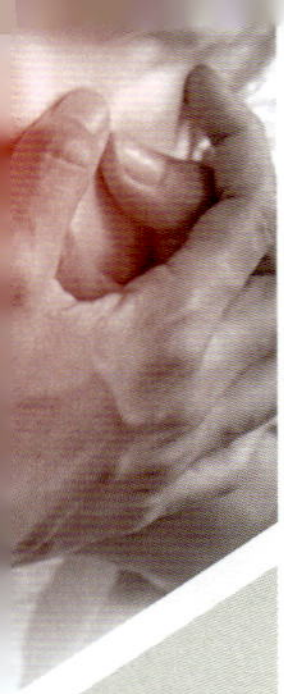

09
상처
Wound

1. 타박상(멍)

타박상은 기본적으로 혈관 손상이다. 물리적으로 충격을 받은 연부 조직 내의 모세혈관 및 소혈관이 손상되면서 혈관 투과성이 새어 나오거나(부종 형성), 심하면 혈관이 찢어지면서 혈구 성분까지 조직 속으로 흘러나오게 된다(멍 형성).

1) 증상

손상부위에는 통증이 동반되고 부종이나 멍이 생긴다.

2) 응급처치

- 손상 직후부터 24시간 정도까지는 냉찜질을 하면 부종의 진행을 늦추고 통증을 완화하는 효과도 있다.
- 48시간 후부터는 온찜질이 부종 완화와 상처 치유에 도움이 될 수 있다.

2. 염좌(삠)

관절 주위의 일시적인 인대 손상을 의미하며, 통증과 부종을 동반하는 경우가 대부분이다.

1) 증상

- 해당 부위가 붉게 부어오르고, 통증과 압통을 느낀다.
- 멍이 들고 해당 부위에 힘이 없어지고, 피부색이 변하게 된다.

2) 응급처치

염좌의 응급처치는 Rest(휴식), Ice Pack(얼음찜질), Compression(압박), Elevation(거상)이며 이 네 단계를 일컬어 'RICE'라고도 한다.

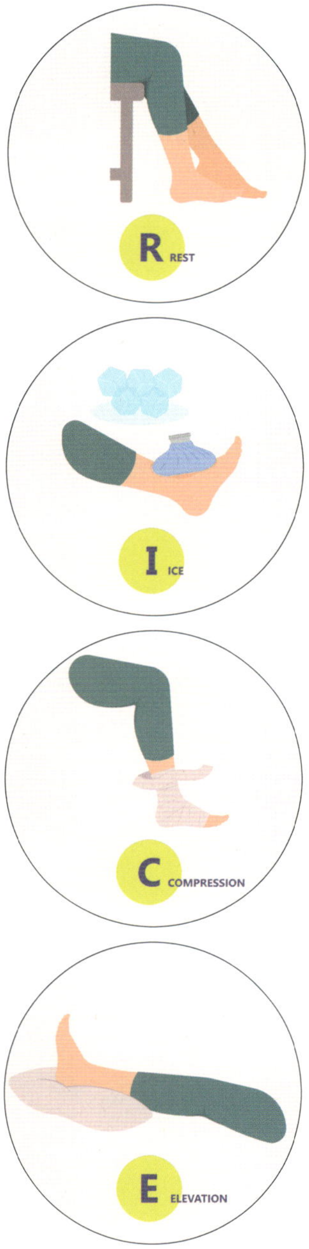

- 휴식: 다친 관절을 하루에서 이틀 이상 쉬게 해 준다.
  - 무릎이나 발목은 목발을 사용하고, 손목, 팔꿈치, 어깨는 팔걸이를 사용하여 쉬게 한다.
  - 삔 손가락이나 발가락은 다치지 않은 주변 손가락이나 발가락과 함께 테이프로 감아 준다.
  - 감기 전에 반드시 손가락 사이에 패딩을 대어 준다.
- 얼음찜질: 통증과 부종을 줄이고 회복을 돕는다.

  ☞ 다친 후 72시간 이후부터는 반대로 온찜질이 도움이 된다.
- 압박: 다친 부위를 탄력붕대 등으로 감아 움직이지 않도록 압박한다.

  ☞ 너무 타이트하게 감지 않도록 주의한다.
- 거상: 다친 부위를 심장보다 더 높이 위치시킨다.
- 진통 소염제 복용: 염증 및 통증 완화에 도움이 될 수 있다.

3) 주의사항

- 손이나 손가락이 다친 경우 부종이 생기기 전에 끼고 있던 반지를 바로 뺀다.
- 부상부위가 많이 붓고 피부가 보라색으로 변하면 골절 가능성이 있으니 반드시 의료진의 도움을 받는다.

3. 찰과상

피부의 표피층이나 진피층의 일부분까지만 벗겨진 상처를 말한다. 세균에 의한 창상 감염이 이차적으로 진행되지 않는 한, 흉터를 남기지 않고 낫는다. 항생제 연고(예, 후시딘, 마데카솔 등)를 바르면 효과적이다.

손목 붕대

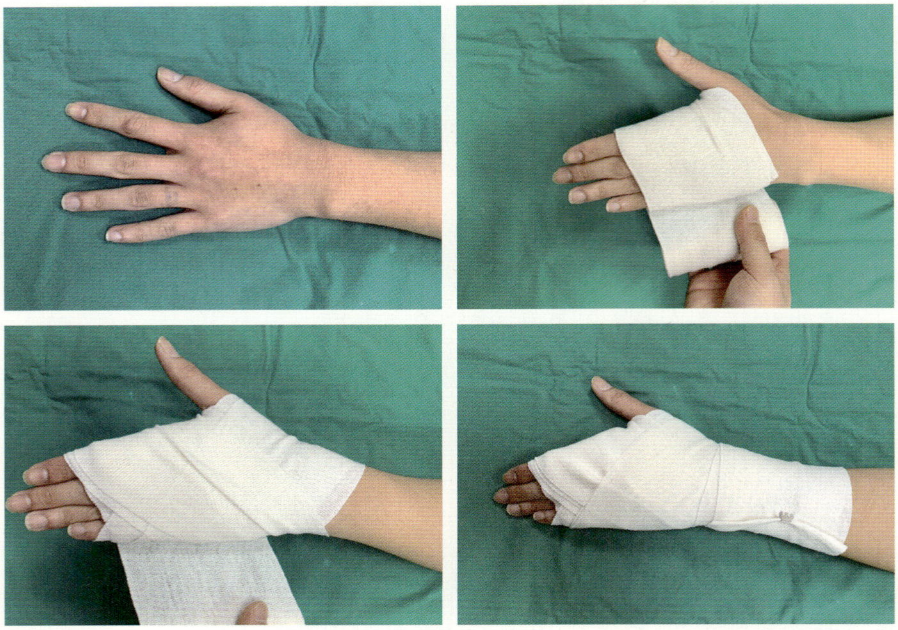

아래팔 붕대

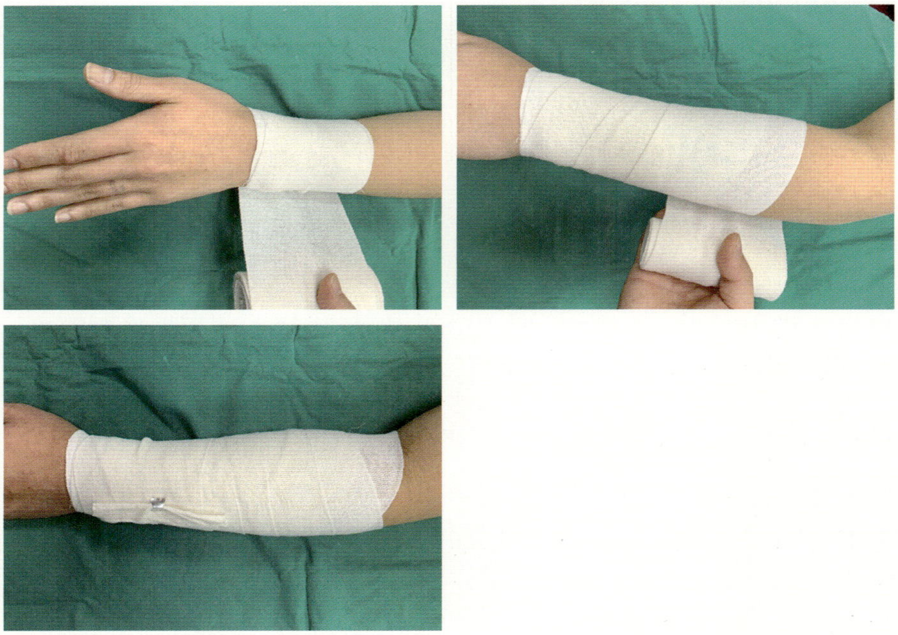

발목 붕대

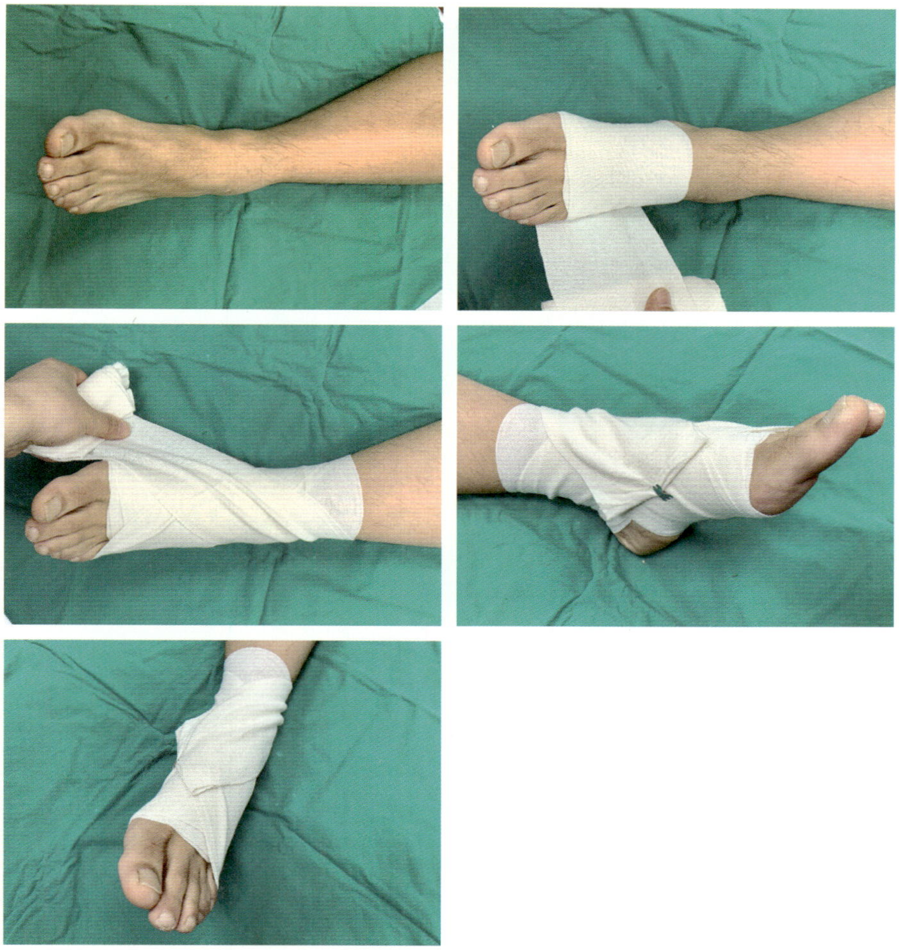

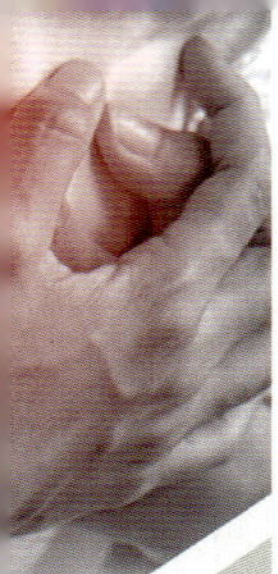

10

출혈

Bleeding/Hemorrhage

손상에 의해 혈액이 혈관 밖으로 나오는 현상을 의미한다. 출혈이 계속되면 혈압 저하 등을 유발하여 생명에 위험할 수 있으므로 적절한 방법으로 지혈하여 혈액이 유출되는 것을 막아야 한다. 출혈이 심하면 즉시 상처부위를 지혈하고 출혈부위를 심장보다 더 높게 해야 한다.

1) 증상과 징후

- 혈액이 몸 밖으로 흐른다.
- 출혈이 심할 경우 어지럽고 메스껍다.
- 자신의 출혈을 목격하고 충격과 공포에 휩싸일 수 있다.
- 상처에 의해 감각이 마비될 수 있다.
- 긁힌 부분, 찰과상(Abrasion)
- 타박상(Contusion)
- 절개(Incision)
- 뾰족한 것에 찔려서 구멍 난 상처(Puncture)
- 파열(Laceration)

2) 응급처치

- 처치하기 전에 감염 예방을 위해 반드시 위생장갑을 착용한다.
- 알코올 솜으로 상처부위를 소독한다.
- 소독 거즈로 상처부위를 덮은 후, 직접 압박을 한다.

지혈하는 방법

상처를 직접 누르는 방법 (직접 압박법)

압박붕대나 손가락 또는 손바닥으로 출혈부위를 직접 압박하는 방법이다. 심한 출혈 시에도 5~10분간 직접 압박하면 대부분 지혈되기 때문에, 가장 쉽고 안전할 뿐 아니라 효과적이다. 따라서 모든 출혈 시 우선적으로 직접 압박을 시행한다. 출혈이 어느 정도 멈추고 나면, 거즈 위에 압박붕대로 고정한다.

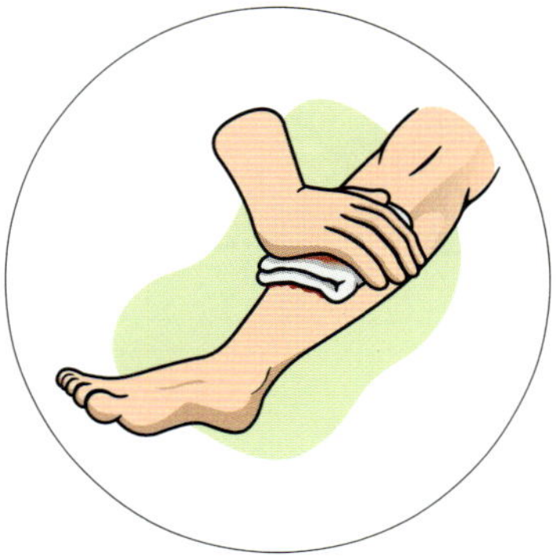

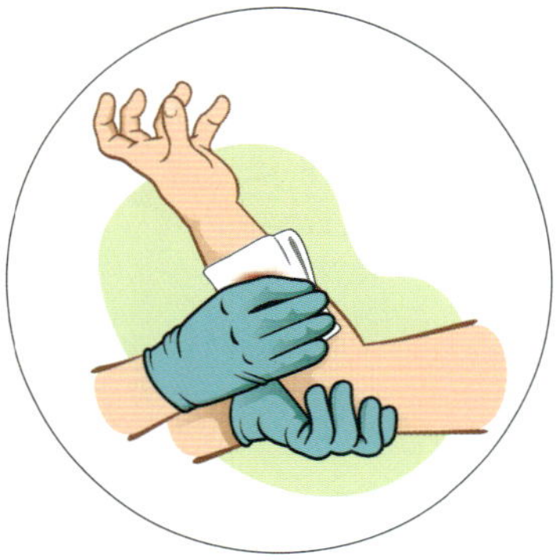

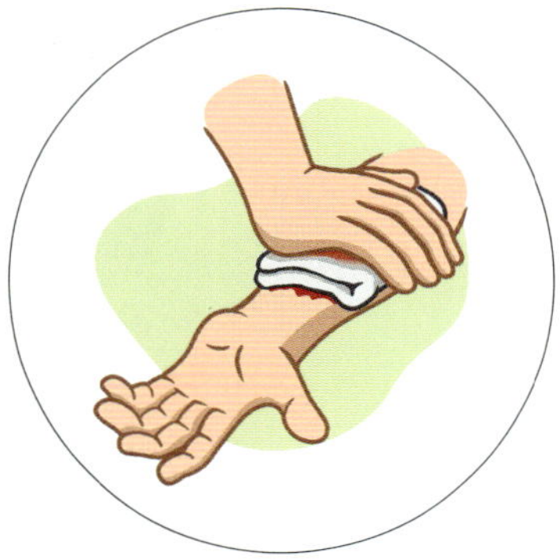

핏줄 누르기 (동맥점 압박)

직접 압박으로 지혈되지 않을 때에는 출혈부위에서 몸통 방향으로 가까이 위치한 동맥부위를 압박한다. 즉, 팔에서 피가 나면 위팔동맥(상완동맥)을 눌러 출혈을 멈추게 할 수 있고 다리에서 나는 피는 사타구니 동맥을 눌러 멈추게 할 수 있다.

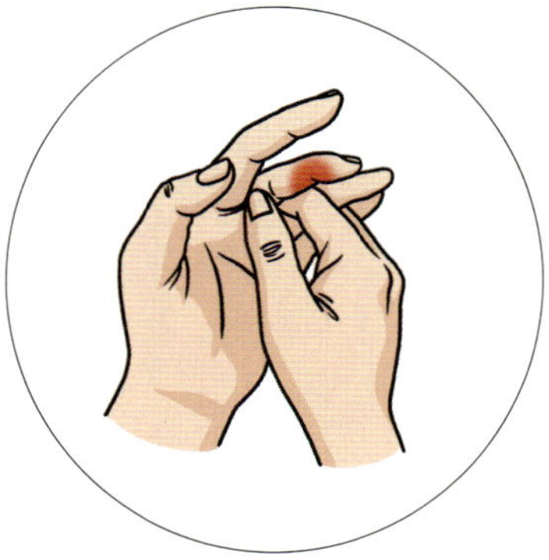

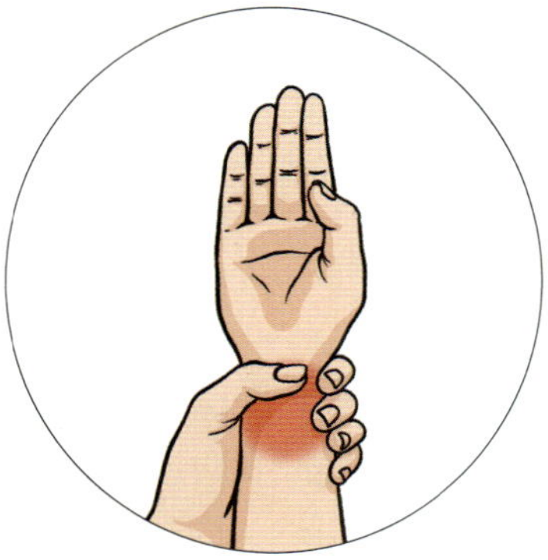

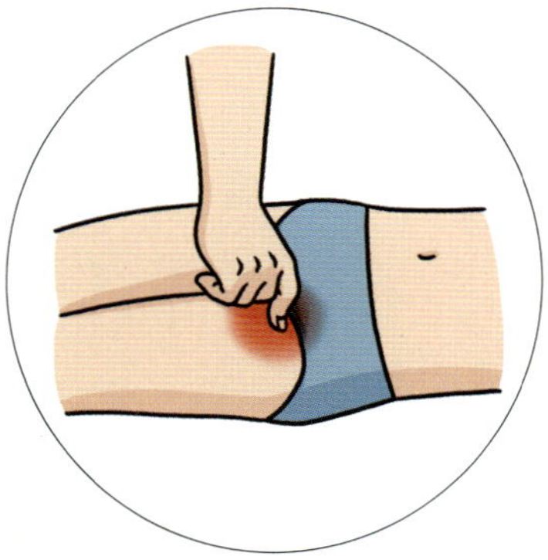

지혈대 이용법

출혈부위가 아닌 근위(부)에 지혈대를 감아서 출혈을 멈추게 하는 방법이다. 하지만 이 방법은 신경이나 혈관에 손상을 줄 수 있고 팔이나 다리에 괴사를 초래할 수 있으므로, 다른 방법으로 출혈을 멈출 수 없을 때 최후 수단으로만 사용한다.

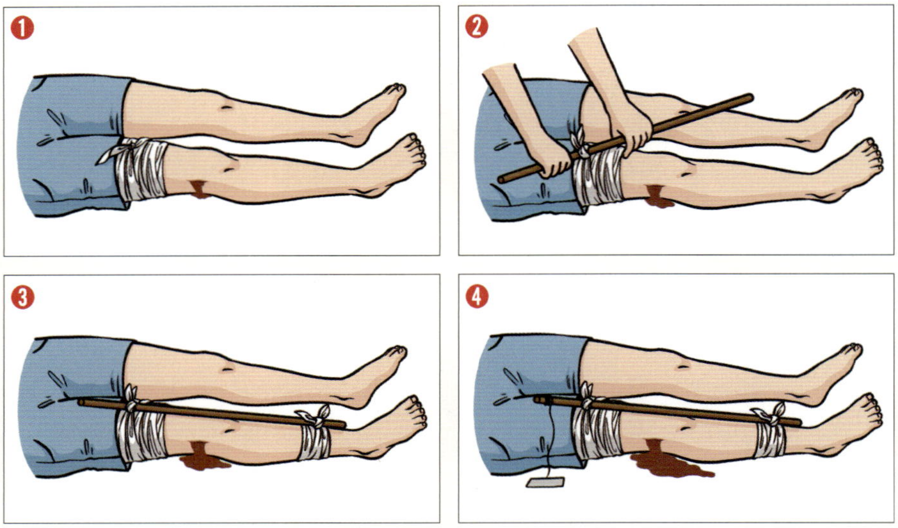

- 지혈대는 사지에만 사용하고 관절부위에 직접 사용하지 않는다.
- 출혈부위에서 약 5~10cm 떨어진 상단부의 근육이 많은 곳에 감는다.
- 삼각건 등 폭이 넓은 지혈대를 사용하여 2회 감는다.
- 막대기를 사용하여 지혈대를 조인다.
- 팔, 다리와 지혈대 사이에 부드러운 패드를 대어 지혈대를 조이는 동안 피부가 손상되지 않도록 한다.
- 출혈부위를 심장보다 더 높게 향하게 하여 출혈 속도를 늦춘다.
- 경미한 출혈은 멸균 드레싱하고 반창고로 덮는다.
- 상황이 심각할 경우 의료진의 도움을 받는다.

11
비출혈(코피)
Epistaxis(Nasal Bleeding)

낮은 습도, 알레르기, 충격, 약물(특히 아스피린), 심하게 코풀기, 코 후비기 등으로 코에서 피가 나는 증상으로 일상 생활에서 흔히 발생한다. 출혈이 발생하는 위치에 따라 전방 비출혈과 후방 비출혈로 나눈다. 전방 비출혈은 출혈량이 많지 않아 자연적으로 지혈되는 경우가 흔하지만, 후방 비출혈은 고혈압 환자나 고령자에게서 지속적으로 많이 발생할 수 있다. 기내가 매우 건조하므로 비강 점막이 건조해져서 비출혈이 발생할 수도 있다.

1) 증상

- 전방 비출혈: 일반적으로 피가 코의 앞쪽으로 흘러내린다.
- 후방 비출혈: 피가 코의 뒤쪽으로 넘어가 목구멍으로 넘어갈 수 있다.

2) 응급처치

- 바르게 앉아서 머리를 약간 앞으로 숙인다.
- 피가 목구멍으로 넘어가 기도로 흡인될 수 있기 때문에 고개를 뒤로 젖히지 않는다.
- 코 안에 핏덩어리가 있으면 코를 살짝 풀어 제거한 다음 엄지와 검지 손가락으로 콧망울을 집거나 피가 나는 쪽의 콧망울을 10~15분간 압박하여 지혈한다.

  ☞ 이때 코뼈가 있는 부위까지 바짝 붙여서 눌러 준다.
- 10~15분 경과 후 피가 멈추었는지 확인한다. 출혈이 계속되는 경우 10분 더 압박한다. 대부분의 경우는 10~30분간 지혈하면 멈춘다.
- 코 위에 얼음물 주머니를 올려 주면 지혈에 도움이 된다.
- 코피가 멈춘 후 수시간 동안은 가만히 있으며 최소 12시간 동안은 코를 풀지 않는다.
- 목 뒤에 얼음주머니를 대거나 코 주변에 냉찜질을 하는 것도 도움이 된다.

12

기내 출산

On-board Procreation/Birth

출산이란 자궁 내 태아와 태반을 포함한 부속물이 만출력에 의해 산도를 통과하여 임산부의 몸밖으로 배출되는 현상을 말한다. 보통 임신 37주 이후 분만은 만삭 분만이라고 하고, 임신 37주 이전의 분만은 조산 또는 조기 분만이라고 하며, 임신 42주 이후의 분만은 과숙 분만이라고 한다.

항공기 내의 분만은 드물지만, 산모와 태아에게 심각한 문제가 있지 않은 한 두려워할 일은 아니다. 이때 객실 승무원은 의사나 간호사, 조산사가 분만 절차를 진행할 수 있도록 돕는 역할을 한다. 또한 기장에게 아래와 같은 산모에 대한 정보를 제공하여 지상 의료진과 연락을 취할 수 있도록 보고하는 것도 객실 승무원의 역할이다.

© kieferpix / iStock / Getty Images Plus

- 산모의 성명, 나이
- 초산 여부
- 출산 예정일
- 진통 주기, 진통 지속시간
- 기타 산모의 구체적 증상과 현재 상태

1) 증상

출산은 개구기, 출산기, 후산기로 나누며, 경관 및 자궁구를 열게 하여 태아 및 태반을 만출시킨다. 진통 주기가 10분 이내가 되는 시점부터 본격적으로 분만이 시작된다고 할 수 있다. 혈액이 섞인 점액이 나올 수 있으나 출혈 현상은 아니다. 일정한 간격으로 30~60초간 진통이 유지되면 양수가 터져 분출되거나 서서히 새어 나올 수 있다.

출산 경험이 있는 경산모는 초산모에 비해 비교적 분만이 순조롭게 진행된다. 그러나 초산모의 경우에는 진통이 본격화된 시점부터 9시간, 진통이 시작된 시간부터 총 16~18시간 정도 걸린다.

2) 응급처치

- 착륙 후 태아 분만을 할 수 있는 시간이 확보되면 도착 후 의료진이 기내에 탑승하여 신속히 조치를 취할 수 있도록 산모를 객실 앞쪽으로 이동시킨다.
- 산모를 안심시키고 회음부 조직이 상할 수 있으니 무리하게 힘을 주지 않도록 안내한다.
- 산모의 화장실 출입을 자제시킨다.
- 진통 주기가 2~3분 간격이 되면 기내에서 출산할 준비를 한다.

분만

분만 시 필요 물품

EMK(Emergency Medical Kit), FAK(First Aid Kit), UPK(Universal Precaution Kit), 라텍스 장갑(Latex Gloves), 탯줄 집게, 따뜻한 물(35~40℃), 깨끗한 리넨, 담요 등

출산 신호 3가지

❶ 이슬

출산이 시작되었음을 알리는 신호는 보통 이슬이다. 이슬은 진통 전에 보이는 소량의 출혈로, 자궁경관이 열리고 태아를 싸고 있는 양막과 자궁벽이 벗겨지면서 일어나는 현상이다. 이슬은 일반 출혈과 달리 혈액이 섞인 점액처럼 끈적끈적해서 쉽게 구별할 수 있다. 출산이 시작되었음을 알리는 신호이긴 하지만, 출산까지는 아직 시간적 여유가 있으므로 침착하게 준비하도록 한다.

❷ 진통

진통이 등 하부에서 앞쪽 배까지 옮아가는 증세가 나타난다. 이 증상은 산도를 통해 태아가 나오기 쉽게 하기 위해 수축하기 때문에 일어난다. 일부 산모는 복부 통증만 느끼거나 등뼈 수축만을 느낄 수도 있다. 처음에는 20~30분 간격으로 10~20초간 지속되다가, 점점 진통과 진통 사이의 간격이 짧아져 10분 이내가 되면서 진통 강도가 심해진다.

❸ 파수

갑자기 따뜻한 물이 흐르는 것 같다면 양수가 터진 것이고 파수는 출산이 임박했음을 알리는 신호이다. 태아와 양수를 싸고 있는 난막이 찢어지면서 양수의 일부가 흘러나오게 된다. 양수가 터지면 속옷이 흠뻑 젖을 정도로 양이 많아 쉽게 알 수 있다. 양수는 끈적임이 없고 무색무취의 맑은 액체가 줄줄 흐르는 것이 특징이다.

보통 자궁구가 열리는 시기에 양수가 터지는 파수를 경험하지만, 때로는 진통이 시작되기 직전에 조기 파수를 경험하기도 한다. 조기 파수인 경우 태아와 양수가 감염될 우려가 있으므로 산모용 생리대를 즉시 착용하고 전문 의료진의 도움을 받아야 한다.

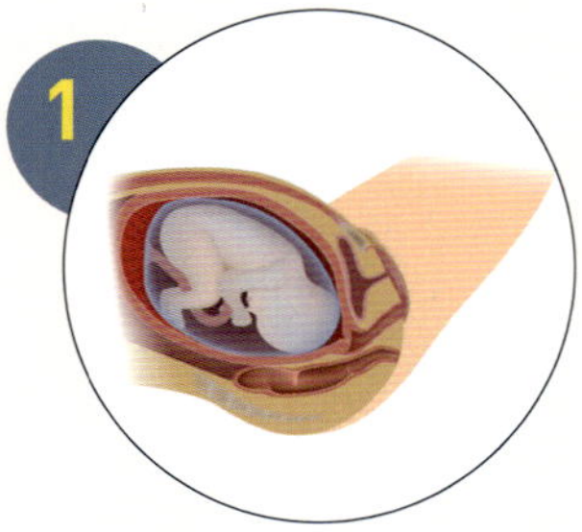

이슬/진통

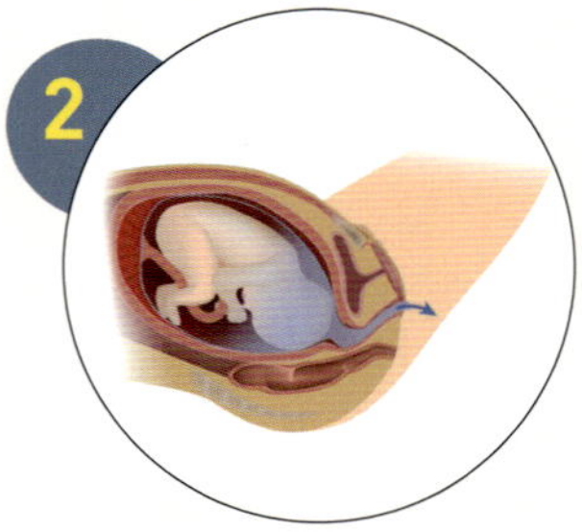

파수

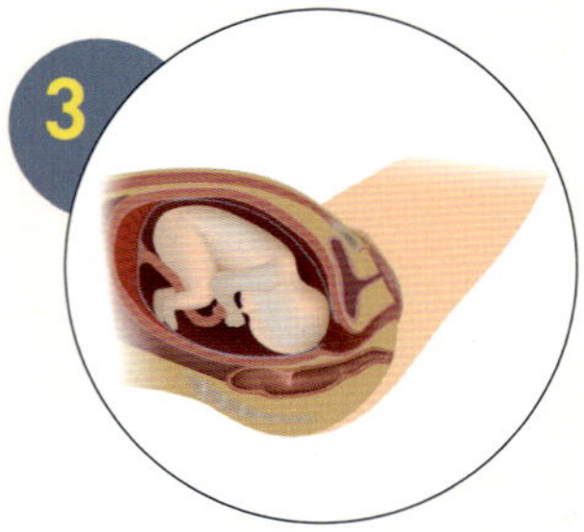

자궁경부 팽창

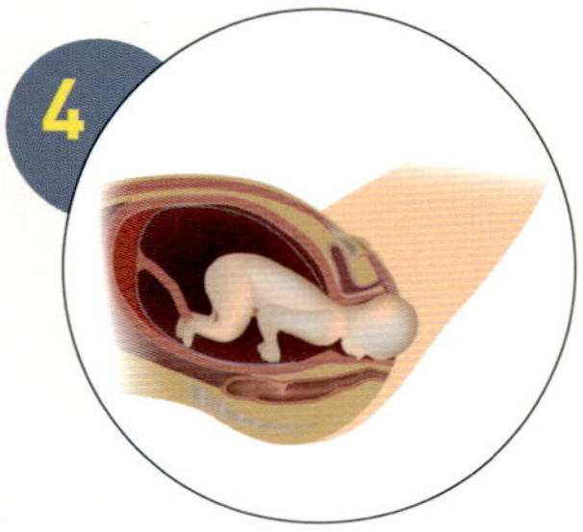

태아 분만

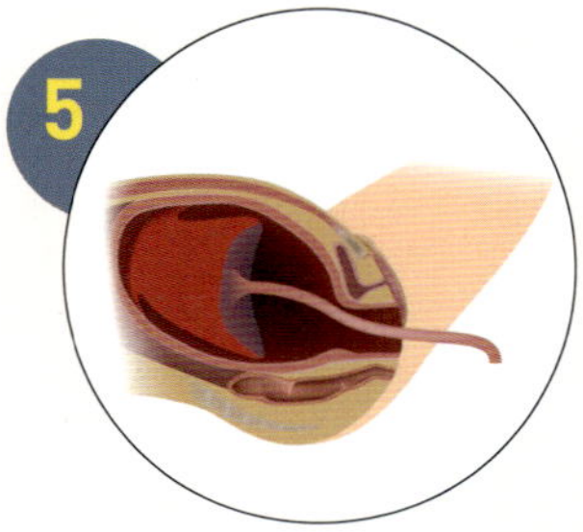

태반 배출

승무원의 분만 중 조치

- 승무원은 산모 가까이 대기하며, 분만 과정 전반에 걸쳐 진행상황을 모니터링하고 산모의 안정을 돕는다.
- 태아 분만이 원활하게 되고 있는지 확인한다.
- 태아가 나오기 시작하면 손과 팔로 받쳐 준다. 자연스럽게 나오도록 유도해야 하며 잡아당기지 않는다.
- 태아의 머리가 양수 주머니 안에 든 채로 나오게 되면 주머니가 터질 때까지 부드럽게 태아 머리 뒤쪽을 긁어 준다.
- 탯줄이 태아의 목에 감겨 있다면 머리 위로 천천히 풀어 주어야 한다.
- 태아의 머리가 몸보다 더 낮아지도록 옆으로 눕히면 혈액과 양수 점액 등이 코와 입에서 빠져나온다.
- 태아의 코와 입 주위를 닦아 준다.
- 태아가 태어난 정확한 날짜와 시간을 기록한다.
- 태아가 숨을 쉬도록 유도한다. 태아의 등을 문지르거나 집게 손가락으로 아기의 발바닥을 두드리면서 태아가 첫 숨을 쉬도록 돕는다.

- 탯줄을 자르지 않도록 한다. 의료인이 필요하다고 판단하는 경우 EMK 안에 있는 가위를 사용하여 탯줄을 자를 수 있다. 태아가 탯줄로 태반에 연결되어 있어도 산모와 아기에게 위험하지 않으므로 탯줄은 급하게 자르지 않도록 한다.

승무원의 분만 후 조치

- 태아를 깨끗한 리넨이나 담요로 감싸서 태아의 머리가 산모 허벅지 상단부 아래쪽으로 위치하게 하여 옆으로 눕힌다.
- 태반 분만을 돕는다.
- 출산 후 정지되었던 진통이 시작되면 태반의 분만을 시작한다.
- 태반은 아기가 태어나고 몇 분 후에 나오게 된다.
- 산모의 배 부분을 마사지하면 쉽게 태반 분만이 진행된다.
- 분만한 태반은 플라스틱 가방에 넣어 의료진이 올 때까지 보관한다.
- 산후 지혈을 돕는다.
- 태반 분만은 출혈을 수반하므로 생리대를 착용하게 한다.
- 산모의 자궁 윗부분을 부드럽게 마사지하여 자궁을 수축시키고 출혈량을 줄인다.
- 승무원은 산모 옆을 지키며 산모가 안정을 취하도록 돕는다.
- 산모가 따뜻함과 편안함을 느낄 수 있도록 하고 따뜻한 음료를 제공한다.
- 산모가 기내 출산으로 인한 정서적 불안감을 최소화하도록 승무원은 산모와 함께하면서 편안함을 제공한다.

승무원의 신생아 조치

- 기도를 깨끗이 하기 위해 아기의 머리를 낮게 하여 비스듬히 눕혀서 입안의 이물질이 잘 빠지도록 한다.
- 탯줄은 배꼽에서 10cm 떨어진 지점에서 출혈이 안 되도록 잘 묶고, 첫 번째 묶은 매듭에서 10cm 이상 떨어진 지점에서 다시 한번 묶는다. 소독된 가위로 두 매듭 사이를 자른다.
- 담요로 아기를 조금 조이게 싸서 안아 주어 보온해 주고 허전감을 느끼지 않게 한다.
- 분만 후 산모를 편히 쉬게 하고, 신생아에게 이름표(성별, 출생시간)를 붙인다.

13

기도 폐쇄

Airway(Respiratory) Obstruction

기도는 사람이 호흡할 때 외부 공기가 폐로 들어오거나 나가는 통로로, 기도 폐쇄는 어떤 원인에 의해 기도가 막히는 것을 말한다. 기도가 막히면 혈액으로의 산소 공급이 중단되어 4분 이내에 의식을 잃으며, 4~6분이 경과하면 뇌가 손상되고, 10분이 지나면 사망할 확률이 높다. 따라서 기도가 폐쇄된 경우에는 신속히 응급처치가 시행되어야만 환자의 생명을 구할 수 있다.

기도 폐쇄 증상

1. 기도 폐쇄 정도에 따른 증상

1) 부분 폐쇄

기도가 일부만 막히는 경우에는 기침을 하지만 말은 할 수 없으며 매우 안절부절하지 못하는 행동을 나타낸다.

2) 완전 폐쇄

기도가 완전히 막히면 말이나 기침을 하지 못하면서 양쪽 손으로 목을 감아쥐는 행동이 나타나며, 얼굴과 입술이 파랗게 변하는 청색증이 보인다.

2. 성인 응급처치: 의식이 있는 환자

1) 부분 폐쇄

- 호흡을 조금이라도 할 수 있고 기침을 할 수 있는 의식이 있는 환자는 계속 기침을 하도록 유도한다.
- 지속적으로 기침을 해도 이물질이 배출되지 않을 때에는 즉시 전문 의료진을 호출한다.

2) 완전 폐쇄: 복부 밀어내기(하임리히 방법)

- 환자 뒤에 서서 팔로 환자의 허리를 감는다.
- 한 손으로 주먹을 쥐고 그 손의 엄지 손가락이 환자의 상복부를 향하게 한다.
- 다른 손을 주먹을 쥔 손 위에 겹친 후, 환자의 배꼽과 명치 사이의 복부를 두 손으로 후상방으로 강하고 빠르게 잡아당겨 이물질이 빠져나오도록 한다.
  ☞ 복부 밀어내기가 효과적이지 않거나 임신, 비만 등으로 복부를 감싸 안을 수 없는 경우에는 가슴 밀어내기를 사용할 수 있다.

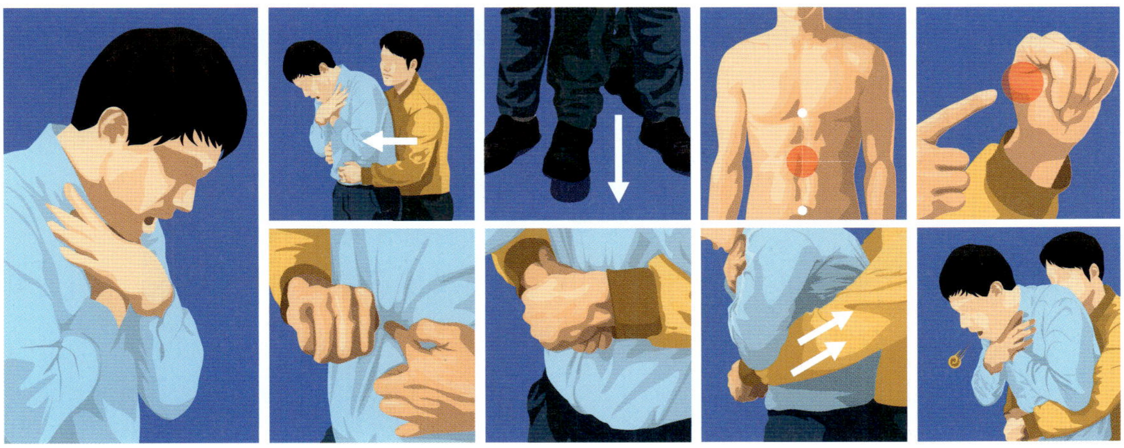

3. 성인 응급처치: 의식이 없는 환자

- 즉시 전문 의료인을 호출한다.
- 환자를 바닥에 눕히고 즉각 심폐소생술을 시행한다.
- 인공호흡 전에 입안을 확인하여 이물질이 보이는 경우에만 이물질을 제거한다.

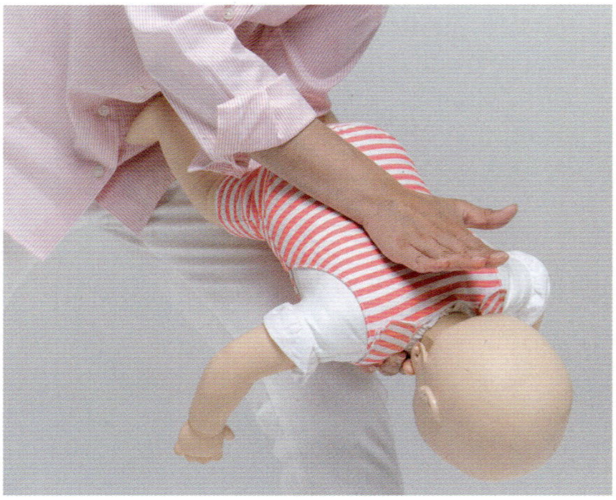

© Getty Images Bank

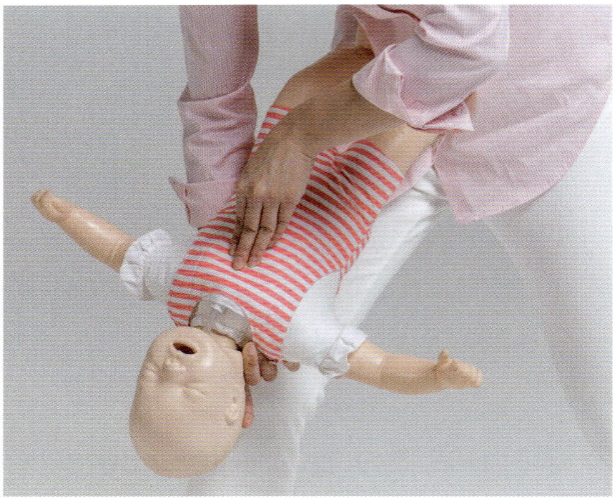

© Getty Images Bank

4. 영아 응급처치

- 영아 환자란 1세 이하 혹은 2세라도 체중이 10kg 이하인 환자를 의미한다.
- 얼굴이 위로 향하도록 환자를 자신의 팔 위에 올려놓고 손으로는 환자의 머리와 목 부분이 고정되도록 잡는다.
- 다른 팔을 이용해 환자의 얼굴이 아래로 향하도록 뒤집어서(돌려서) 턱을 잡은 손이 환자를 떠받친다.
- 영아의 머리를 가슴보다 더 낮추고, 영아를 안은 팔을 허벅지에 고정한 뒤 손바닥으로 영아의 어깨죽지 사이(견갑골)를 5회 두드린다.
- 영아의 얼굴이 위로 오도록 뒤집어서 이물질 제거를 확인한다.
- 이물질이 제거되지 않았다면 영아의 등을 받치고, 머리를 가슴보다 더 낮춰 영아를 안은 팔을 무릎 위에 놓는다.
- 영아의 유두 사이에 가상선을 긋고, 검지와 중지 손가락을 흉골에 올려놓고 (심폐소생술과 비슷하나 속도는 조금 천천히 하여) 분명하고 확실하게 압박을 5회 시행한다.

  ☞ 압박 시 손가락을 가슴에서 떼지 않는다.
- 영아의 구강 내 이물질을 확인하여 제거한다.

  ☞ 손에 닿지 않는 이물질은 억지로 제거하지 않는다.
- 영아가 의식을 잃거나, 이물질이 배출되거나, 힘차게 숨을 쉬거나, 기침을 할 때까지 계속 반복 실시한다.

14

식중독

Food Poisoning

식품 섭취를 통해 인체에 유해한 미생물 또는 유독 물질이 유입되어 발생했거나 발생한 것으로 판단되는 감염성 또는 독소형 질환(식품위생법 제2조 제14호)을 말한다. 세계보건기구(WHO)는 식중독을 "식품 또는 물의 섭취에 의해 발생했거나 발생한 것으로 생각되는 감염성 또는 독소형 질환"으로 규정한다.

'장염'이라는 용어는 소장이나 대장에 염증이 생긴 상태를 말하며, 대부분 음식 섭취와 관련이 있고 증상이 유사하기 때문에 식중독과 비슷한 의미로 사용된다. 집단 식중독은 식품 섭취로 인해 2인 이상의 사람에게서 감염성 또는 독소형 질환을 일으킨 경우를 말한다. 가장 일반적인 세균은 포도상구균(Staphylococci)과 살모넬라균(Salmonellae)이다.

© metamorworks / iStock / Getty Images Plus

1) 증상

- 오심, 구토
- 복통, 두통
- 설사는 늦게 발현될 수 있음
- 오한, 열

2) 응급처치

- 편안한 자세를 취해 주고, 섭취한 음식에 대해 질문한다. (장소, 시간, 종류)
- 수분을 충분히 공급하고, 두드러기 증상이 나타나면 냉찜질을 한다.
- 상태가 의심스러우면, 기장과 상의하여 병원에 호송하도록 조치한다.
- 같은 음식을 섭취한 승객에게 이상이 있는지 확인하고, 인적 사항을 파악하여 관련 부서에 보고한다.

15
두드러기
Allergies

피부나 점막에 있는 혈관의 투과성(Permeability)이 증가하면서 일시적으로 혈장 성분이 조직 내에 축적되어 피부가 붉어지거나 흰색으로 부풀어 오르고 심한 가려움증이 동반되는 피부질환이다. 알레르기와 비슷하게 약이나 음식을 잘못 먹거나 환경이 변화하여 생기는 경우가 많다.

두드러기는 지속기간에 따라 급성과 만성 두드러기 및 혈관 부종으로 나뉜다. 급성 두드러기는 대개 음식물이나 약물에 의해 발생하며 수일에서 최대 6주 이내에 호전되는 것이 대부분이고, 6주 이상 지속되는 경우를 만성 두드러기로 정의한다.

두드러기와 혈관 부종은 대개 치료하지 않아도 24시간 이내에 흔적도 없이 사라지며 치명적인 경우는 없다. 그러나 어지러움, 숨을 쉴 때 쌕쌕거리는 소리, 호흡곤란이 함께 발생하는 경우, 가슴이 답답하거나 혀, 입술, 얼굴에 부종이 있는 경우에는 생명에 위험이 될 수 있다.

1) 증상

- 환부가 붓거나 피부가 울긋불긋하게 변한다.
- 환부가 가렵다.
- 심한 경우 어지러움, 호흡곤란, 쇼크 등이 올 수 있다.

2) 응급처치

- 두드러기의 원인과 환자의 알레르기 병력을 확인한다.
- 환자가 소지한 약물이 있는지 확인하고, 복용하도록 한다.

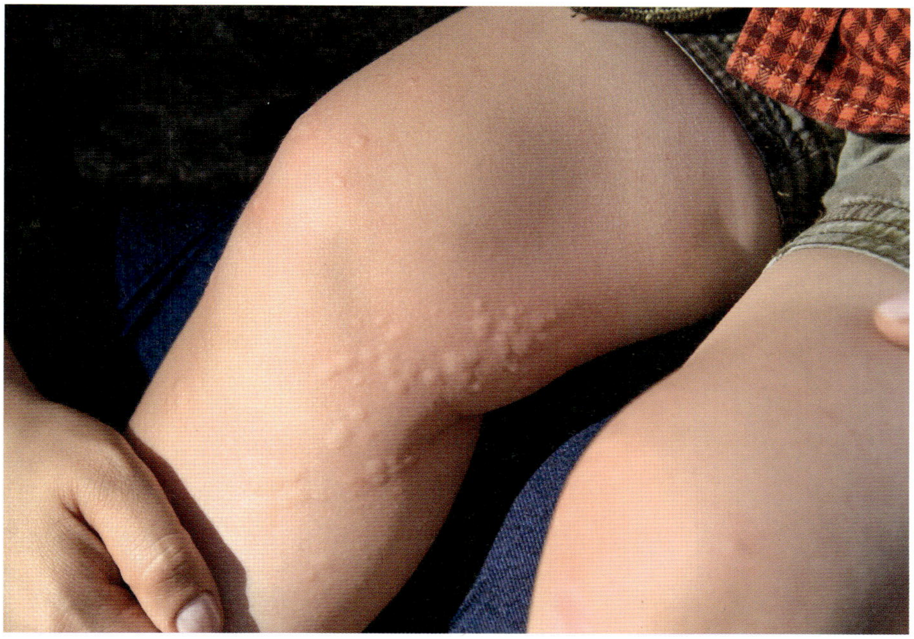

- 기내 의료인의 도움을 받아 항히스타민제를 사용할 수 있다.
- 환부를 긁지 않도록 한다.
- 미지근한 물이나 찬물로 환부를 씻거나 냉찜질을 하는 것이 도움이 된다.
- 심한 알레르기 반응으로 호흡곤란이 오면 인공호흡과 심폐소생술을 시행할 수도 있다.

16

불안 및 공황
Anxiety & Panic

불안은 원래 내·외적 자극이나 상황에 대한 인간의 정상적인 정서 반응이다. 하지만 정상 범위를 벗어난 불안은 정신적, 신체적 통증을 유발할 수 있다. 불안은 교감신경을 활성화하여 두통 등의 신체 증상이 나타나고, 정도가 심해지면 극심한 불안으로 공황 상태에 빠질 수 있다. 지상과 멀어지고, 외부와 차단된 기내라는 특수한 환경이 일부 승객에게는 불안을 야기할 수 있다.

1) 증상

- 근육이 긴장되고 집중력이 저하된다.
- 교감신경 활성화로 심장박동 증가, 두통, 호흡수 증가, 시야 흐려짐 등이 나타난다.
- 맥박과 혈압이 증가한다.
- 매우 긴장하고, 안절부절하며, 초조해진다.
- 극심한 불안감을 표현한다.
- 숨이 막히거나 가슴이 뛰고 금방 죽을 것 같은 불쾌한 감정을 호소한다.

2) 응급처치

- 경증 및 중등도 불안 환자에게는 편안한 심호흡과 몸의 근육 이완을 유도하고, 따뜻한 음료를 제공하며 정서적 지지를 하는 것이 좋다.
- 공황이 발작한 경우에는 환자를 편한 장소로 이동시키고, 침착하고 부드러운 목소리로 승객을 진정시킨다.
- 증상을 들어 주고, 불안 증상으로 사망하거나 정신병이 발생하지 않음을 설명한다.

17

발작 및 경련

Attack & Convulsion

발작은 뇌세포들이 비정상적으로 자극을 받을 때 일어난다. 동반되는 증상은 뇌의 어느 부분이 영향을 받았는지에 따라 다르게 나타난다. 다음과 같은 의학적 상태일 때 발작이 유발될 수 있다.

- 간질(원인 불명의 발작이 계속 반복되는 경우), 열사병(Heat Stroke)
- 중독
- 전기 감전
- 저혈당
- 소아에게 고열 발생 시
- 뇌손상, 암, 뇌졸중 등

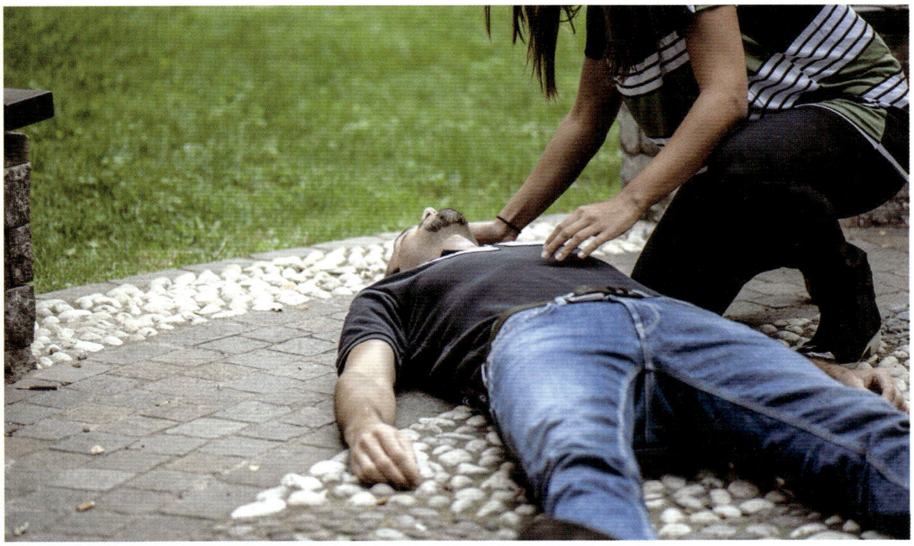

발작은 심한 경우(발작이 15분 이상 지속되는 경우 등), 즉각적인 의학적 처치가 필요하지만 다행히도 대부분의 발작은 의학적 치료를 필요로 하지 않는다. 발작 환자에 대한 응급처치는 발작 시 다치지 않도록 하고, 발작이 끝난 후 편하게 해 주는 것이다.

발작은 신체가 한 자세로 굳어지면서 떠는 운동성 발작과 신체 떨림이 없이 잠시 동안의 의식 변화 등을 특징으로 하는 비운동성 발작의 두 가지 유형으로 나뉜다.

1. 발작 유형별 증상

1) 운동성 발작(몸이 뻣뻣하게 굳음) 증상

- 얼굴과 사지가 툭툭 튀듯이 움직인다.
- 눈이 상방을 주시하며 고정된다.
- 침을 흘리거나 소변이나 대변을 본다.
- 호흡이 힘들어지고 의식을 잃는다.

2) 비운동성 발작 혹은 운동성 발작 직전 증상

- 이상한 소리가 들린다.
- 입안에 금속이 들어 있는 것 같은 맛이 느껴진다.
- 환각 증상을 보인다.
- 혼동 상태나 의식의 변화가 있다.

2. 발작 유형별 응급처치

1) 운동성 발작 응급처치

- 환자가 발작이나 경련을 할 것 같은 전조 증상을 보이면 환자가 넘어져 다치는 것을 방지하기 위해 앉히거나 눕힌다.
- 의복을 느슨하게 해 준다. 특히 목 부분에 유의한다.
- 환자의 척추가 손상되지 않았음이 확실하면 환자를 옆으로 돌려 회복 자세

를 취하게 한다. 만약 척추 손상이 의심되면 주의 깊게 환자의 목, 머리, 몸통이 통나무를 굴리는 것처럼 똑같이 움직일 수 있도록 하여 왼편으로 돌려 회복 자세를 취하게 한다. 이 조치를 취하는 데는 최소 3명 이상의 인원이 필요하다.

- 운동성 발작 후 대부분의 발작은 수분 이내에 종료된다. 그러나 발작을 다시 할 수 있기 때문에 이에 필요한 준비는 해야 하며, 환자가 발작하는 동안 다친 곳이 있는지 살펴보고 이를 치료한다.
- 환자가 발작 후 수면을 지속할 수 있도록 한다.

2) 비운동성 발작 응급처치

의심이 되는 경우에 환자에게 필요한 응급처치는 없다. 신속히 전문 의료인의 도움을 받는다.

발작 환자에게 금해야 할 일

- 경련하는 동안 환자의 손상을 막아야 하지만 환자를 잡아서는 안 된다.
- 환자의 치아 사이로 어떤 물체이든 끼우려 해서는 안 된다.
- 환자에게 먹을 것이나 마실 것을 줘서는 안 된다.
  ☞ 환자가 당뇨병 환자라면 환자의 혀 아래에 각설탕을 넣어 주는 것은 가능하다.

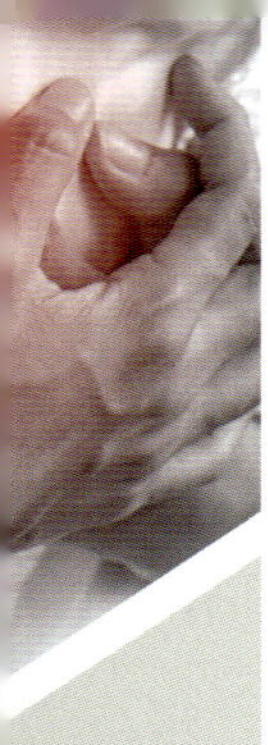

18

쇼크
Shock

쇼크는 심혈관 계통의 기능 이상 등으로 혈액순환이 저하되어 세포에 산소 공급이 부적절한 상태를 말한다. 생명이 위급한 상황을 비롯하여 심근경색, 심한 출혈이나 부상, 화상, 중독, 교상, 정신적 충격 등 다양한 원인으로 쇼크가 발생한다.

1) 증상

- 차갑고 창백하고 끈적한 피부
- 약하고 빠른 맥박, 얕고 빠른 호흡
- 목마름, 구역질, 구토
- 정신 혼미, 불안
- 어지러움, 마비, 의식 소실

2) 응급처치

- 환자를 눕히고 다리를 30cm 이상 들어올린다. 단, 머리나 목, 가슴에 손상을 입은 경우에는 다리를 똑바로 해 준다.
- 환자가 토하는 경우에는 몸을 옆으로 돌려서 입안의 물질이 흘러나오도록 한다.
- 출혈이 있으면 지혈하고, 골절부위에는 부목을 대어 준다.
- 환자를 따뜻하게 보온하되 뜨겁게 해서는 안 된다. 환자 밑에는 담요를 깔아 주고 날씨에 따라 얇은 담요 등을 덮어 준다. 더운 장소일 경우 시원하게 유지해 준다.

- 환자가 불안을 덜 수 있도록 위로해 준다.
- 과호흡이 있는 경우 좌석 앞 주머니의 구토대를 이용하여 천천히 호흡하도록 한다.
- 호흡과 맥박을 지속해서 확인하고, 필요 시 심폐소생술을 시행한다.
- 심한 경우에는 의료인의 도움으로 혈액순환 유지를 위해 수액을 투여한다.

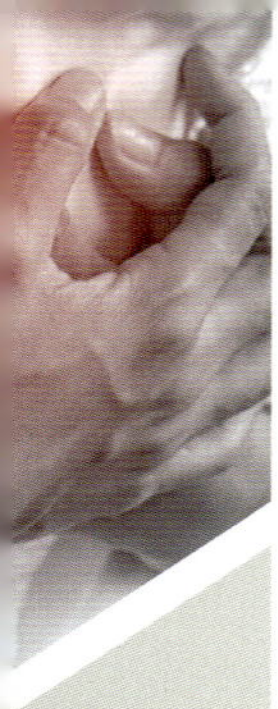

19
기절
Faint

기절은 대부분 몸의 수분 부족이나 과도한 알코올 섭취, 공포감, 장시간 앉은 자세 유지에 의해 발생하는 것으로 알려져 있다. 환자 발생 시 환자를 반듯이 눕히고 마음을 안정시키며 충분한 수분을 제공하는 것이 도움이 된다. 항공기 내에서는 습도가 낮아 장시간 여행 시 수분 부족이 발생할 수 있으므로 수시로 물과 음료수를 충분히 섭취하는 것이 예방에 도움이 되며, 커피나 알코올의 섭취는 피해야 한다.

1. 시점별 증상

1) 기절 전

- 무기력함, 현기증
- 창백한 얼굴
- 식은땀

2) 기절 후

- 의식이 없음
- 호흡이 약함
- 땀을 흘림

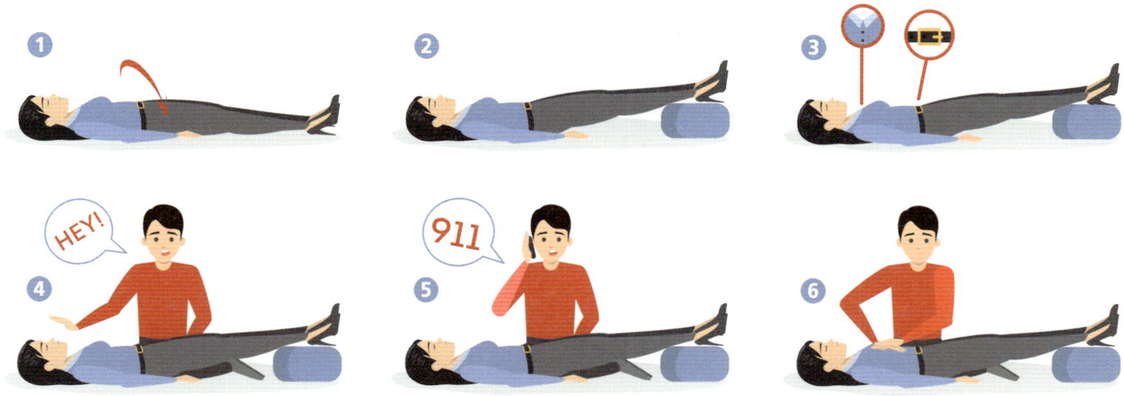

2. 시점별 응급처치

1) 기절 전

- 혈액순환을 위해 머리를 심장 위치보다 더 낮추어 눕히고, 발 쪽에 담요나 낮은 의자(20~30cm)를 놓아 발을 올릴 수 있도록 한다.
- 허리띠나 몸을 꽉 죄는 옷을 느슨하게 푼다.
- 머리에 찬 찜질을 실시한다.

2) 기절 후

- 혈액순환을 위해 머리를 심장 위치보다 더 낮추어 눕히고 발을 들어올릴 수 있도록 의자나 담요를 발 밑에 놓아 둔다.
- 허리띠나 몸을 꽉 죄는 옷을 푼다.
- 호흡이 유지되고 맥박이 뛰고 있다면 암모니아 흡입제를 흔들어 코밑에 대어 의식을 회복할 수 있도록 돕는다.
- 머리에 찬 찜질을 실시한다.
- 의식이 돌아오면 따뜻한 음료를 제공하고 상태를 계속 확인한다.

20

귀통증 및 눈 이물질

Ear Pains & Eye Irritation by Foreign Substances

1. 귀통증

항공기가 상승함에 따라 중이(Middle Ear)와 외부 공기 간에 압력 차가 발생하여 중이의 공기가 팽창하게 되고, 이로 인해 심한 통증 및 어지러움, 이명이 생길 수 있으며, 심한 경우에는 고막의 파열과 출혈이 발생할 수 있다. 이러한 통증은 일시적인 기압 차에 의한 것으로 비행 종료 후 곧 회복되나 불편감이 지속되면 항공성 중이염을 의심해 볼 수 있다.

1) 증상

- 귀에서 심한 통증을 느낀다.
- 어지러운 증상이 나타날 수 있다.
- 귀에 잡음이 들리는 이명 현상이 나타날 수 있다.
- 심한 경우 고막이 파열되고 출혈이 있을 수 있다.

2) 응급처치

- 치료나 예방을 위해 침이나 음식을 반복적으로 삼키거나 껌을 씹는다.
- 코와 입을 막고 풍선을 부는 것처럼 숨을 내쉬는 발살바(Valsalva) 법을 시행한다.

2. 눈의 이물질

눈에 이물질이 들어간 경우 바로 불편함을 느껴 눈을 비비기 쉬운데, 이런 행동은 삼가야 한다. 세균 감염의 위험이 있어서 손으로 자주 눈을 비비면 결막염 등 눈 질환이 생길 수 있기 때문이다.

1) 응급처치

- 화학 약품이나 이물질이 눈에 들어갔을 때에는 흐르는 물에 눈을 씻어 낸다.
- 화장실을 이용할 수 없는 경우에는 생리 식염수나 인공눈물로 눈을 세척해도 된다.
- 이물질이 명확히 보이지만 나오지 않고 눈 주위에 통증을 느낄 때에는 환자를 눕히되 이물질을 억지로 꺼내지 않는다.
- 안대 대신 눈과 이물질 위에 컵을 대어 이물질이 움직이지 않도록 하고 붕대를 감는다.

21

과호흡

Hyperventilation

과호흡이란 여러 가지 원인에 의해 숨을 빠르게 쉬고 호흡을 통해 몸속 이산화탄소가 과도하게 배출되어 pH(수소이온 농도 지수)가 증가하는 호흡성 알칼리 상태가 되는 것을 말한다. 우리 몸은 정상적으로 호흡을 통해 산소를 받아들이고 이산화탄소를 배출시키며, 동맥혈의 이산화탄소는 37~43mmHg 범위에서 그 농도가 유지된다. 그런데 신체적, 정신적인 이유로 호흡을 통해 이산화탄소가 과도하게 배출되어 동맥혈의 이산화탄소가 정상 범위 아래로 떨어지면 과호흡이 일어날 수 있다.

비행 중에는 불안, 초조, 공포, 당황, 긴장 때문에 무의식적인 과호흡이 일어날 수 있다.

1) 증상

- 깊고 빠른 호흡
- 어지러움, 메스꺼움, 손발 저림
- 시야 흐려짐
- 흉통과 부정맥
- 손, 발 근육이 뻣뻣해짐 또는 무감각해짐
- 얼굴 상기
- 균형감각 상실
- 심한 경우 혼수상태

2) 응급처치

- 마음을 안정시키고, 정상 호흡률을 되찾도록 심호흡을 천천히 하게 돕는다.
- 기내에 비치된 구토대를 입과 코 주위에 대어 자신이 내뿜은 공기를 다시 흡입하도록 한다.
- 산소 부족을 호소하면 심리적 안정을 위해 산소마스크를 씌어 주되, 산소통을 작동시키지는 않는다.

22

저산소증

Hypoxia

신체, 정신적 기능을 정상적으로 유지할 수 있는 산소의 양이 부족할 때 생기는 호흡기능 장애이다. 숨쉬기가 곤란하여 체내 산소 분압이 떨어진 상태로, 동맥혈 가스검사를 시행했을 때 산소 분압이 60mmHg 미만이거나 산소 포화도가 90% 미만인 경우에 해당한다. 항공기 기내는 외부 대기 상태와 달리 적절한 산소와 기압이 유지되지만, 상황에 따라 심폐 기능이 약한 사람에게는 저산소증이 발생할 수 있다.

산소 분압

호흡을 통해 공급된 산소는 혈액 속에 녹아 온몸에 공급되는데, 이때 혈액 속 혈장 등에 녹아 있는 산소 분자의 압력을 뜻한다. 정상 동맥혈 산소 분압은 대략 90~100mmHg이다.

산소 포화도

적혈구 중 헤모글로빈의 산소 결합 능력 가운데 산소가 실제로 결합한 비율을 %로 표시한 것을 말한다.

1) 증상

- 청색증(푸른빛이 도는 회색)
- 현기증과 나른함
- 피곤하고 졸리며 기력이 없어짐
- 판단력 및 시야가 흐려짐

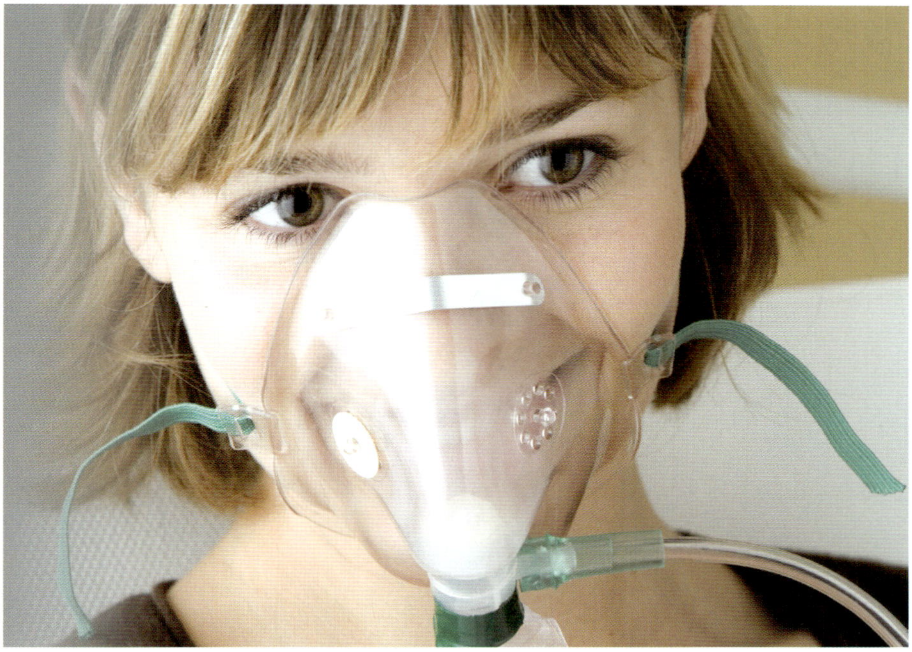

- 호흡 속도 증가, 심한 경우 의식 소실
- 차분하지 못하고 불안함
- 심장박동이 급속도로 빨라지거나 느려지는 등 불규칙해짐

2) 응급처치

- 환자를 안정시킨다.
- 즉시 항공기에 비치된 휴대용 산소통을 사용하여 산소를 공급한다.
- 저산소증은 감압 현상 시 발생할 수 있으며 징후를 잘 살펴야 한다.
- 산소는 화기나 전기제품과 멀리 두고 사용해야 한다.

23

비행 멀미
Air Sickness

교통수단 등에서 발생하는 흔들림에 몸의 평형감각이 적응하지 못해 발생하는 증상이다. 의학계에서는 가속도병 또는 동요(動搖)병이라고 부른다. 멀미를 예방하거나 완화하려면 비행 출발 2시간 전에 식사를 마치는 것이 좋으며, 좌석 배정 시 진동이나 소음이 적은 좌석으로 배정받고, 창밖 먼 곳의 경치를 바라보거나, 음악을 듣고 즐거운 대화를 하는 등 관심을 돌리려고 노력한다.

© frantic00 / iStock / Getty Images Plus

1) 증상

- 오심(속이 메스꺼움)이나 구토, 복부의 불편감
- 식은땀, 얼굴 창백
- 어지러움, 무력감

2) 응급처치

- 시원한 물수건으로 이마와 목 뒷부분을 적신다.
- 허리띠나 옷을 느슨하게 풀어 준다.
- 가능하다면 진동이나 소음이 적은 좌석으로 옮긴다.
- 구토대를 제공한다.
- 필요 시 보나링A를 제공한다.

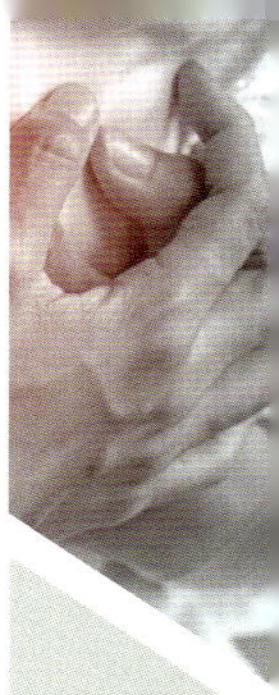

24

항공성 부비강통, 급격한 감압증
Sinus Pain & Severe Dysbarism

1. 항공성 부비강통

안면골의 내부에 공기를 함유하고 있는 공간을 부비동이라 하며, 좁은 개구부를 통해 코안과 연결된다. 그러나 이관과 달리 강제적인 방법으로 열리게 할 수 없으므로 공기 흐름은 수동적이고 압력이 높은 쪽에서 낮은 쪽 방향으로만 이루어진다.

비행기가 상승하면서 부비동 내의 압력이 밖과 평형을 이룰 때 밖으로 공기가 흐르고, 반대로 하강하면서 부비동 내에 음압이 증가하므로 공기가 밖에서 안으로 유입되어야 한다. 그러나 감기, 비염, 비중격 만곡증, 용종, 부비동염 같은 질환이 있는 경우, 통기 작용이 원활하지 못해 항공성 부비강통이 생길 수 있다.

1) 증상

- 안면부에 통증을 느낀다.

2) 예방 및 치료

- 감기에 걸리지 않도록 한다.
- 이비인후과적 질환이 있으면 치료를 받는다.

2. 급격 감압증

항공기 여압 장치가 고장 나거나 기체의 일부분이 파손되어 기내의 공기가 빠져나가 기내 압력이 급격히 낮아짐으로써 발생한다. 급격한 감압 시 폭음이 나면서 기온이 떨어짐과 동시에 수증기가 응결되어 안개 현상이 나타난다. 급격한 기압 강하의 강도는 객실의 규모, 항공기 파손부위의 크기, 기내와 외부의 압력 차, 고도 등에 따라 다르게 나타난다.

1) 증상

- 관절통: 무릎, 팔꿈치, 어깨에 통증이 있다.
- 흉통: 가슴 압박감이 있고 호흡이 곤란해지며 마른기침을 한다.
- 감각장애: 중추신경 장애가 생긴다.

2) 응급처치

- 항공기를 급히 하강시킨다.
- 안정하고 산소를 흡입한다.
- 지상에서도 통증이 심하면 고압 요법(고압 산소실 이용)을 사용한다.

잠깐! 점검해 볼까요?

01 ________
심장질환

1. AED 사용법을 연습해 보시오.

03 ________
당뇨

1. 저혈당 당뇨와 고혈당 당뇨로 의심되는 증상을 각각 정리해 보시오.

07 ________
화상

1. 화상을 입은 환자에게 취해야 할 조치를 다음과 같이 역할을 구분하여 연습해 보시오.
   - 최초 발견자 승무원: 응급조치 담당
   - 협조자 1 승무원: 사무장과 기장에게 보고하고 조종실과 의사소통 담당
   - 협조자 2 승무원: 응급의료 장비 조달 담당

11
비출혈(코피)

1. 코피를 흘리는 승객에게 응급처치를 시행해 보시오.

13
기도 폐쇄

1. 기도가 폐쇄된 승객에게 하임리히 방법을 시행해 보시오.

17
발작 및 경련

1. 발작을 일으킨 승객에게 응급처치를 시행해 보시오.

21 과호흡

1. 과호흡이 발생한 승객에게 응급처치를 시행해 보시오.

22 저산소증

1. 저산소증이 발생한 승객에게 응급처치를 시행해 보시오.

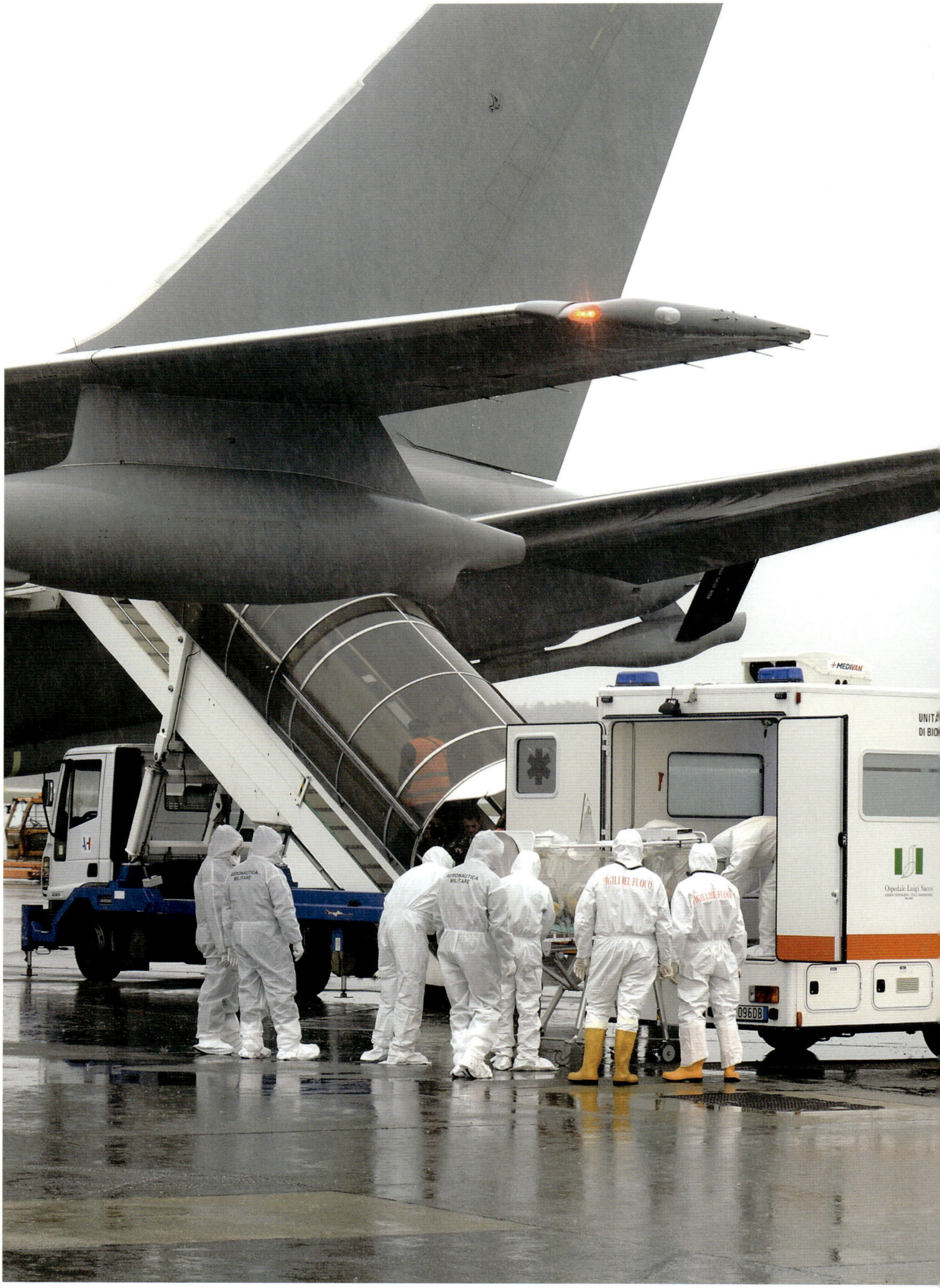
+MEDIVAN
AERONAUTICA MILITARE
Ospedale Luigi Sacco

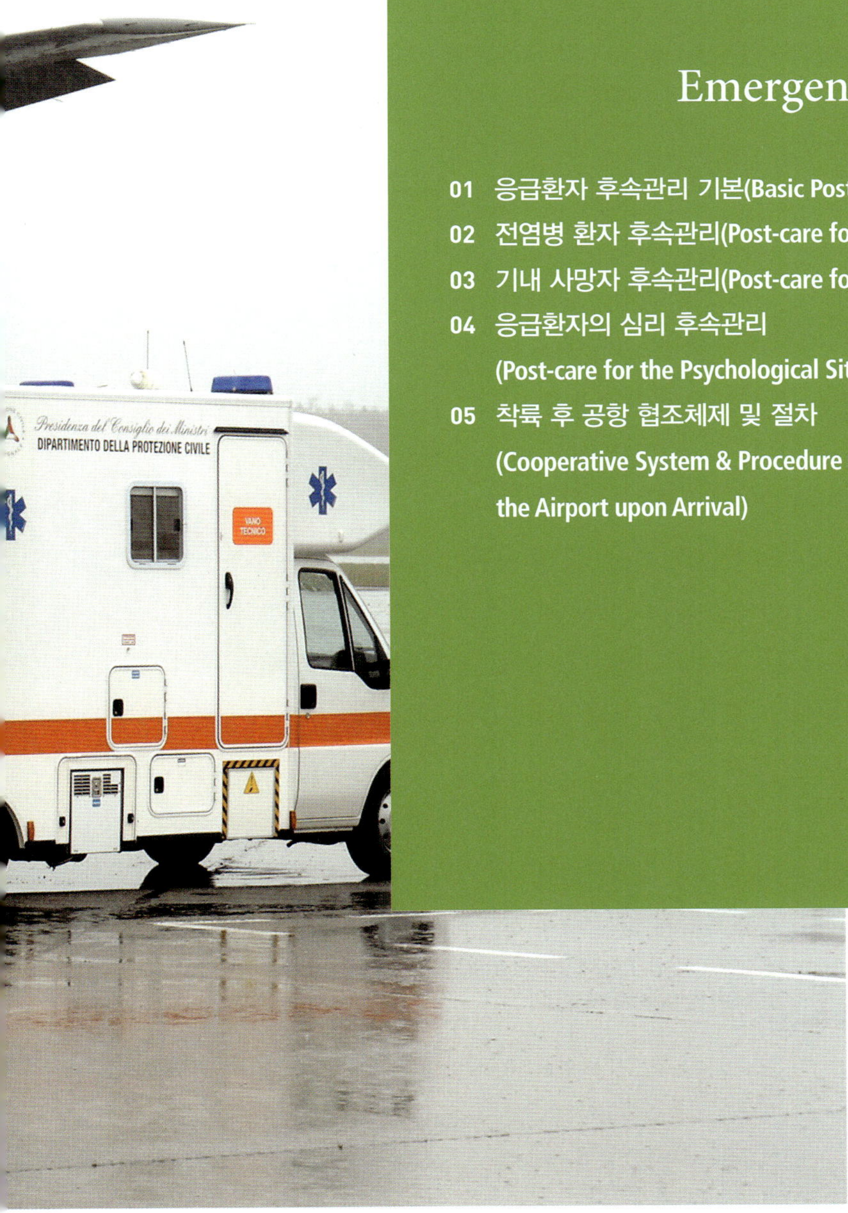

기내 응급환자 유형별 후속관리

Post-care by Type of Emergency Patients on Board

01 응급환자 후속관리 기본(Basic Post-care for Emergency Patients)

02 전염병 환자 후속관리(Post-care for Patients with Infectious Diseases)

03 기내 사망자 후속관리(Post-care for the Dead on Board)

04 응급환자의 심리 후속관리 (Post-care for the Psychological Situations of Emergency Patients)

05 착륙 후 공항 협조체제 및 절차 (Cooperative System & Procedure with the Airport upon Arrival)

5

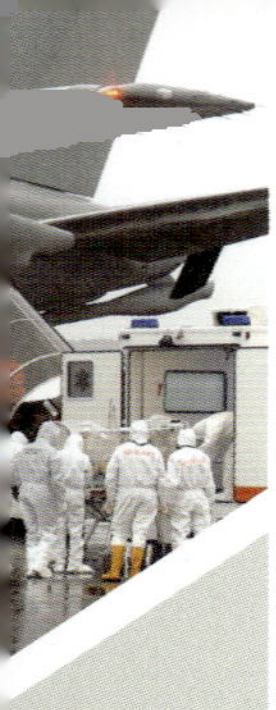

01

응급환자 후속관리 기본

Basic Post-care for Emergency Patients

수행 준거

- 응급환자 대응 매뉴얼에 따라 응급환자 상태가 악화되지 않도록 관리할 수 있다.
- 응급환자 발생으로 인해 일반 탑승자의 유쾌한 여행이 방해되지 않도록 빠르게 조치할 수 있다.
- 착륙 후 응급환자 대응 매뉴얼에 따라 공항과의 협조체제가 순조롭게 진행될 수 있게 조치할 수 있다.

응급환자의 후속관리는 발병 당시 응급환자의 상태가 위급하지는 않지만 적절한 의학적 조치 없이 방치되는 경우, 심각한 상황으로 진행되는 질병이나 부상의 악화 가능성을 미연에 방지하기 위한 절차를 뜻한다.

기내라는 한정적이고 특수한 상황에서 응급환자는 심리적으로 더 큰 불안감을 느낄 수 있다. 따라서 이들을 지속적으로 관찰하고 이들에게 세심한 관심을 주어야 하며, 동시에 객실을 수시로 순회하여 일반 승객들의 건강상태도 주의깊게 관찰하는 것이 좋다. 자세한 후속관리 내용은 다음과 같다.

- 응급환자와 주변 승객들과의 면담을 통해 후속관리 내용을 기록한다.
- 승무원의 역할은 주체적인 의료 행위를 하여 응급환자를 치료하는 역할이 아니라 환자의 상태가 더 악화되지 않도록 도움을 주는 역할임을 인식한다.
- 승객이 약품을 요청할 경우, 해당 약품에 대한 부작용과 과거 병력, 기저 질환을 확인한 후 제공한다.

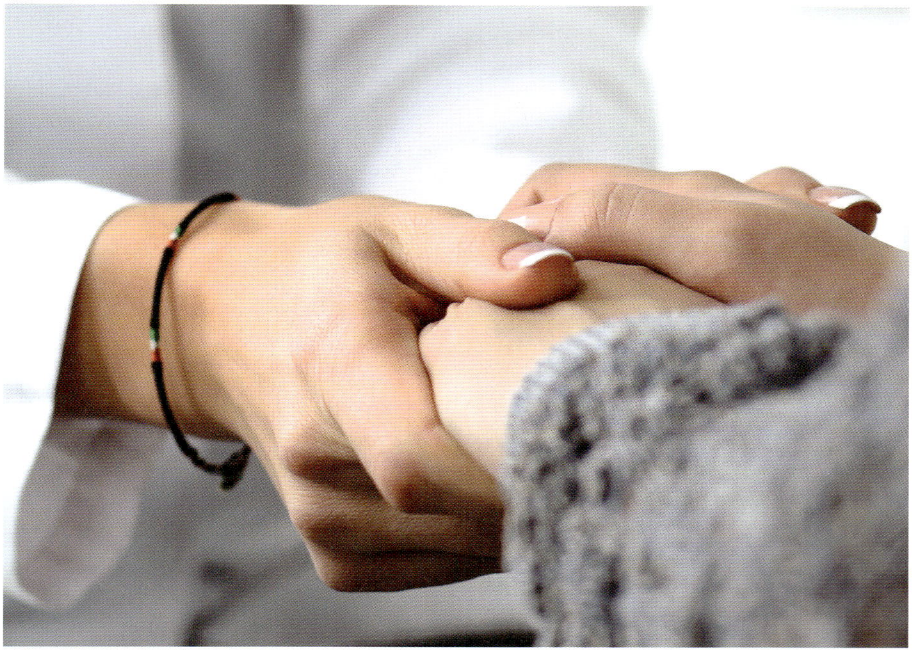

- 응급환자의 혈압, 맥박, 호흡, 체온의 활력징후 및 피부색 변화 등 관찰되는 상황을 기록하고, 기장에게 지속적으로 보고한다.
- 필요한 경우 객실 사무장은 상황을 목격한 주변 승객의 진술서를 확보하고, 목격자의 성명, 좌석번호, 진술 내용을 보고서에 기재한다.
- 연결 편에 승무원이 교대하는 경우 환자의 상태 정보를 교대팀에 알린다.
- 기내 응급상황 발생 시 승무원은 회사의 책임, 사고의 책임, 보상 문제에 관해 언급하지 않도록 주의한다.

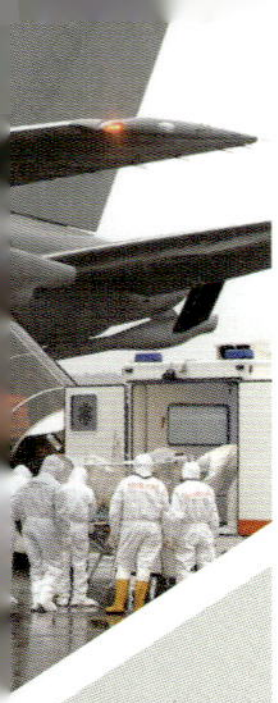

02

전염병 환자 후속관리

Post-care for Patients with Infectious Diseases

1. 전염병 환자 후속조치

비행 중 승객이 고열, 지속적인 기침, 지속적인 설사, 구토, 호흡곤란, 피부발진, 비정상적 출혈 등의 전염병 의심 증상을 보일 경우, 기장에게 보고하고 의사 호출(Doctor Paging)을 요청하거나 지상 연계 의료지원 시스템을 이용하여 의료 자문을 받는다.

항공기는 지상에 비해 환기, 살균이 비교적 잘 되지만, 혹시 모를 감염에 대비하여 객실 승무원은 철저한 위생교육을 받으며 경각심을 갖고 필요한 조치를 할 수 있어야 한다. 전문 의료인에게서 전염병 환자라는 확인을 받은 경우 다음 조치를 취한다.

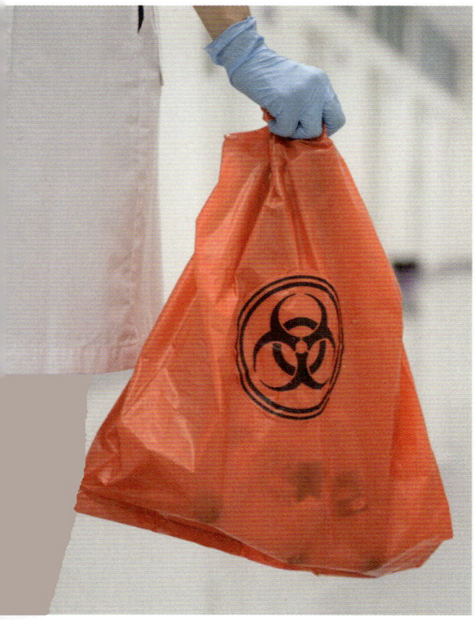

- 환자를 승객들과 격리된 좌석으로 재배치하고, 환자의 원래 좌석번호와 재배치된 좌석번호를 운송 직원에게 알려 준다.
- 환자를 돌볼 지정 승무원을 배정한다.
- 환자가 사용할 전용 화장실을 지정하여 감염 범위를 최소화한다.

특히 전염병 환자를 응급처치할 때에는 다음의 후속조치를 유의하여 함께 실시한다.

- 환자가 기침을 할 때에는 마스크를 착용하도록 권하고, 환자가 사용한 화장지 및 모든 물건(담요, 베개, 시트커버, 산소마스크, 튜브 등)은 오염물 수거 가방(UPK)에 넣어 밀봉한다.

• 환자의 혈액, 상처, 짓무른 부위가 입 또는 피부에 닿지 않게 한다.
• 환자의 적출물, 혈액, 체액 등에 노출된 경우 비누로 깨끗이 닦고 필요 시 소독약이나 알코올로 소독한다.
• 혹시 모를 전염의 가능성을 염두에 두고, 전염의 위험이나 가능성이 있는 환자 주위의 4개 열에 착석한 승객의 연락처를 받고, 환자 동반 승객에게도 환자와 같은 증상이 있는지 확인 및 관찰한다.
• 한국 도착 후 검역 질문서를 작성하여 검역관에게 신고해야 함을 환자에게 안내한다.

■ 검역법 시행규칙 [별지 제9호서식]

건강상태 질문서

(앞쪽)

성명	성별 [ ]남 [ ]여
국적	생년월일
여권번호	도착 연월일
항공기 편명	좌석번호
한국 내 주소	
휴대전화	

과거 21일 동안의 방문 국가명을 적어 주십시오.

1)	2)	3)

과거 21일 동안에 아래 증상이 있었거나 현재 있는 경우 해당란에 "√" 표시를 해주십시오.

[ ] 설사	[ ] 구토	[ ] 복통	[ ] 발열	[ ] 오한
[ ] 콧물 또는 코막힘	[ ] 기침	[ ] 인후통	[ ] 근육통	[ ] 두통
[ ] 호흡곤란	[ ] 발진	[ ] 모기물림	[ ] 눈충혈	[ ] 기타 ( )

건강상태 질문서 작성을 기피하거나 거짓으로 작성하여 제출하는 경우 「검역법」 제12조 및 제39조에 따라 1년 이하의 징역 또는 1천만원 이하의 벌금에 처해질 수 있습니다.

작성일 년 월 일

작성인 (서명 또는 인)

국립검역소장 귀하

148mm×210mm (황색지 70g/㎡)

대한민국 입국용 검역 질문서

2. 감염 예방을 위한 승무원의 행동요령

전염성 질환이 있는 응급환자[후천성 면역 결핍증(AIDS), B형이나 C형 간염 등]에 대한 응급처치를 시행한 경우, 승무원은 반드시 주변 승객들의 감염 위험성을 줄이기 위해 다음 사항을 준수해야 한다.

- 환자의 체액과 직접적인 접촉을 피한다. 일반 응급 예방 장비(Universal Precaution Kit, UPK) 안의 장갑, 안면 보호대, 보호복 및 기타 위생용품을 사용할 수 있다.
- 환자에게 사용한 모든 오염된 물품을 UPK 안에 들어 있는 오염물 처리 가방에 수거한 후 신속히 손을 씻는다.
- 환자의 체액에 접촉했다고 판단된 경우에는 목적지에 도착 즉시, 항공 보건팀에 연락하고 조치를 받도록 한다.
- 해당 항공편 사무장은 모든 관련 내용을 객실 보고서(항공사별로 보고 형식이 다를 수 있음)에 기록하여 보고한다.
- 응급환자나 승무원이 다음과 같은 증세를 보인다면 전염병을 의심해 보고 기장에게 보고하며, 의사 호출(Doctor Paging)을 요청하거나 지상 연계 의료 지원 시스템을 통해 도움을 요청한다.

1) 전염병 의심 증상

고열, 지속적인 설사, 구토, 호흡곤란, 피부 발진, 비정상적 출혈

2) 전문 의료인에 의해 전염병 환자로 확인된 경우의 조치

- 환자를 승객들과 격리된 자리로 재배정하고 환자의 원래 좌석번호와 재배정된 자리를 운송 직원에게 알려 준다.
- 객실 사무장은 환자를 도와줄 승무원을 지정하고 지속적으로 도울 수 있게 한다.
- 환자 전용 화장실을 지정하여 전염 범위를 최소화하도록 한다.

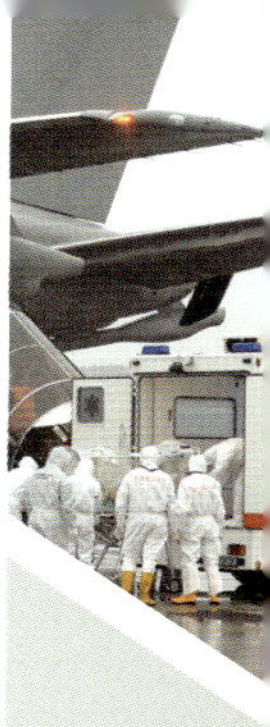

03

기내 사망자 후속관리

Post-care for the Dead on Board

환자 승객이 의식과 호흡이 전혀 없을 경우, 객실 승무원은 의료진이 나타날 때까지 지체 없이 심폐소생술(CPR)을 실시하고 자동제세동기(AED)를 사용하며, 응급의료 콜 시스템(EMCS)을 통해 지상에 통보하여 가능한 모든 처치를 실시한다.

만약 승객이 기내에서 사망하는 경우 국제보건규정(International Health Regulation, IHR)에 따라 입국 전 항공기에서 발생한 질병 및 사망을 조종실 Radio를 통해 통보해야 한다. 승객이 사망하여 항공기 내에서 의료 인가권자에 의해 사망이 선고되면 해당 의료 인가권자와 종합 통제권자의 합의에 의해 목적지까지 비행을 지속할 수 있다. 사망자가 발생한 상황에서 다른 국가로 입국할 때에는 신속히 현지 보건기관에 알려야 한다. 이외에 다음 내용을 숙지하여 후속관리에 만전을 기한다.

- 객실 사무장은 기장에게 해당 사항을 보고한다.
- 사망자는 좌석에 앉은 채로 담요를 덮은 후 좌석벨트로 묶는다. (항공사마다 응급의료 매뉴얼이 다를 수 있다.)
- 사망자가 발생한 사실을 가능한 한 주변의 승객들이 알지 못하게 하고 사망자 주변의 승객들을 여분의 좌석이 있을 경우 그곳으로 이동시킨다.
- 현지 의료 인가권자의 허가 없이 사망자를 옮겨서는 안 된다.
- 객실 사무장은 사망자의 개인 소지품을 챙겨 보관하고 도착지 공항 지점장에게 인계한다.
- 기장은 비행기가 목적지에 도착한 후 여객 담당자를 통해 의사가 사망 진단서를 발행할 수 있도록 협조한다.

GENERAL DECLARATION(OUTWARD/INWARD)

OPERATOR : KOREA AIR
MARKS OF NATIONALITY AND REGISTRATION : HL8228
FLIGHT NUMBER : KE0929 DATE : 26JUL22
DEPARTURE FROM INCHEON INTL,SEOUL
ARRIVAL AT : PULKOVO AIRPORT, ST PETERSBURG

------------------ F L I G H T R O U T I N G ------------------

PLACE FROM : INCHEON INTL, SEOUL
TO : PULKOVO AIRPORT, ST PETERSBURG

-------------------------- C R E W L I S T --------------------------

1	CPT	LEE DONG WOON	KR	2	CPT	KIM KEUN YOUNG	KR
3	FOR	LEE SANG MUN	KR	4	PUR	KANG MIN WOO	KR
5	CAB	CHOI YUU RI	KR	6	CAB	CHO YEON JAE	KR
7	CAB	PARK HANNA	KR	8	CAB	KIM KI WAN	KR
9	CAB	LEE SOO JIN	KR	10	CAB	PARK YE EUN	KR
11	CAB	SONG YOO JUNG	KR	12	CAB	KANG JI YOUNG	KR
13	CAB	SHUKRONA CHUSOVITINA	UZ	14	EXY	HWANG MI JIN	KR
15				16			
17				18			

* TOTAL NUMBER OF CREW M 5 F 9
* NUMBER OF PASSENGERS ON THIS STAGE

DEPARTURE PLACE
EMBARKING :
THROUGH ON SAME FLIGHT :
ARRIVAL PLACE
DISEMBARKING :
THROUGH ON SAME FLIGHT :

----

* DECLARATION OF HEALTH

PERSONS ON BOARD WITH ILLNESSES OTHER THAN AIRSICKNESS OR THE EFFECTS OF ACCIDENTS, (INCLUDING PERSONS WITH SYMPTOMS OR SIGHS OF ILLNESS SUCH AS RASH, FEVER, CHILLS, DIARRHOEA) AS WELL AS THOSE CASES OF ILLNESS DISEMBARKED DURING THE FLIGHT

....

ANY OTHER CONDITIONS ON BOARD WHICH MAY LEAD TO THE SPREAD OF DISEASE...........

DETAILS OF EACH DISINSECTING OR SANITARY TREATMENT (PLACE, DATE, TIME, METHOD) DURING THE FLIGHT. IF NO DISINSECTING HAS BEEN CARRIED OUT DURING THE FLIGHT GIVE DETAILS OF MOST RECENT DISINSECTING...................................

SIGNED, IF REQUIRED : ____
CREW MEMBER CONCERNED

-------------------------- FOR OFFICIAL USE ONLY --------------------------

- 객실 사무장은 객실 보고서(Cabin Report)를 작성하여 보고한다.
- 객실 사무장은 G/D(General Declaration)의 'Health Declaration' 칸에 관련 사항을 기입한다.
- 객실 사무장은 환자의 상세 정보(환자의 나이, 성별, 증상, 섭취한 음식, 상태)를 기록하고 도착지 공중보건기구에서 요구할 경우 제출한다.
- 객실 사무장은 사망과 관련한 모든 내용을 도착지 공중보건기구의 요청이 있을 때 제출하도록 한다.

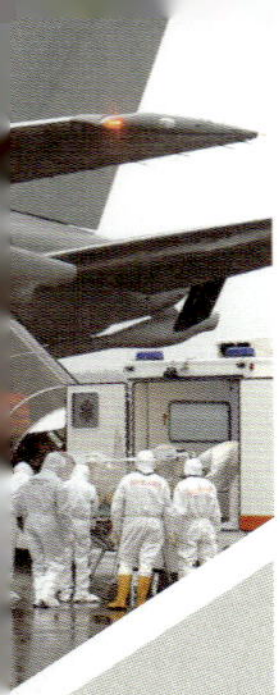

04

응급환자의 심리 후속관리

Post-care for the Psychological Situations of Emergency Patients

응급환자 발생 시 응급처치는 물리적 치료와 정신적 안정감을 함께 제공해야 하며 환자의 상태가 악화되지 않도록 후속관리와 환자의 심리적 상황에까지 관심을 가질 수 있도록 세심한 배려를 해야 한다.

또한 환자에게 응급처치를 하는 것은 환자의 질환을 치료하는 것이 아니라, 위급한 상황을 넘기고 안전하게 치료를 받을 수 있도록 하는 데 의미가 있다. 응급환자는 긴급한 처치를 필요로 하며, 만일 적절한 치료를 받지 못할 경우 치명적인 문제가 발생할 수 있다. 게다가 기내라는 제한적인 상황에서 전문 의료인의 치료를 받지 못할 경우 환자의 심리적 불안감은 지상에서보다 더 커질 수 있다. 따라서 객실 승무원은 지속적으로 승객을 보살피고 환자의 불안감을 감소시키고 안정감을 줄 수 있도록 해야 한다.

1. 응급환자와의 의사소통 기본원칙

- 승무원이 자기소개를 할 때에는 공식적인 신분으로서 밝혀야 하는 내용 외에 사적인 사항은 자세히 밝히지 않아야 한다.
- 부드럽고 온화한 목소리로 환자의 불안을 덜어 주고, 환자가 알아들을 수 있게 천천히 말하며 간결하게 소통을 한다.
- 환자와의 의사소통 시 정확한 언어 표현을 사용하여 오해를 최소화한다.
- 정확한 언어 표현을 할 때라도 말씨는 부드럽고 친절하게 해야 한다.
- 능동적으로 경청하면서 침묵하지 않고 계속적으로 공감을 표현한다.
- 객실 승무원은 응급환자의 상태 회복을 위해 정서적으로 침착하고 신뢰감을

줄 수 있어야 한다.

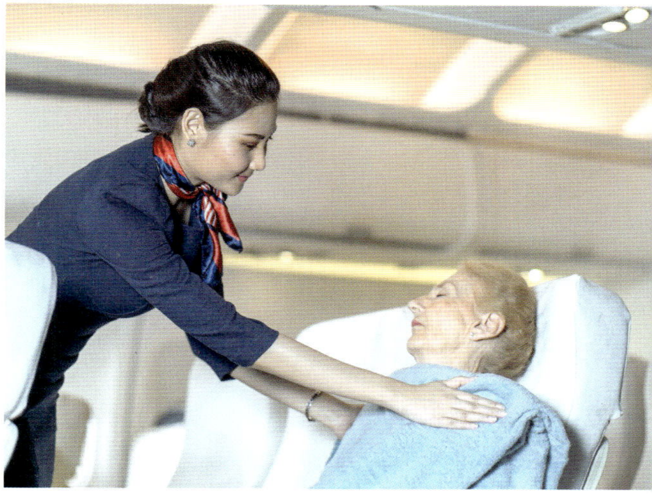

- 응급처치 상황을 환자에게 설명하고 긍정적 마음을 지니도록 지속적인 관심을 가져야 한다.
- 아동 환자는 격리 또는 낯선 사람, 낯선 환경에 대한 불안감이 성인보다 더 크게 나타나므로 적절하게 아동의 눈높이에 맞추어 소통한다.
- 아동 환자에게 지나치게 많은 질문을 하지 않고, 직접적인 언어를 사용하여 아동이 이해하기 쉽게 말한다.
- 아동 환자와 신체 접촉을 하여 아동이 심리적 안정감과 친근감을 갖게 한다.
- 보호자가 동반할 수 있게 해야 하며 아동 환자에 대한 반응에 항상 상냥하게 응대하고 신뢰감을 잃지 않도록 한다.

2. 응급환자의 신체 · 심리 상태에 따른 대화법

유형	응급환자 상태	대화요령
보편적 반응	• 눈물을 흘린다. • 위장 계통 증상(오심, 구토, 설사)이 나타난다. • 발한, 빈뇨, 근육 긴장, 과호흡 증상이 나타난다.	따뜻한 관심과 배려로 환자와 공감대를 형성한다.
우울 반응	• 말이 없어지고 멍한 상태가 된다. • 상태에 대해 무감각한 느낌으로 대응한다.	• 기분을 전환하도록 격려한다. • 감정이입을 하여 공감하도록 한다. • 환자에게 지속적으로 관심을 가진다.
심인성 반응	• 특별한 이유 없이 신체 일부가 마비된다. • 심한 오심과 구토 증상이 나타난다.	• 환자를 안정시키고 편안한 감정을 갖도록 한다. • 환자에게 따뜻한 관심을 보인다. • 증상이나 상황으로부터 환자의 관심을 돌린다. • 환자에게 회복의 희망을 준다.
불안 반응	• 쉬지 않고 빠르게 계속 말한다. • 주의력이 극도로 약해진다. • 신체적으로 과잉 행동을 한다.	• 기분 전환을 시킨다. • 세심하게 관찰한다. • 신체 활동이 필요한 일을 하게 한다. • 환자와 논쟁을 피한다.
히스테리 반응	• 계속 울거나 판단력이 흐려진다. • 통제를 받지 않으려고 거칠게 행동한다.	• 친절하게 대하며 공감한다는 것을 알려 준다. • 환자가 청하는 도움을 적극적으로 제공한다. • 환자에게 충격을 주지 않는다.

3. 응급환자 소통 기술

1) 지지적 소통

지지적 기술은 불안한 상황에서 환자가 통제력을 유지하거나 잃었던 통제력을 다시 찾게 하는 데 도움이 된다. 응급환자와 의사소통 시 다음 기술을 사용하여 환자를 지지해 주도록 한다.

- 말을 건넨다.
- 환자가 말할 필요가 있을 때 적절하게 경청한다.
- 환자의 여러 가지 느낌을 합리적으로 받아들인다.
- 환자가 외로움이나 소외를 두려워할 때 환자와 같이 있어 준다.
- 환자의 손, 팔, 어깨 등을 잡아 준다. (사전에 환자에게 동의를 구하는 것이 좋다.)
- 존중감을 보이면서 인간적인 태도를 가시적으로 반영하는 태도를 취한다.
- 환자의 태도를 계속해서 면밀히 관찰한다.

2) 비언어적 소통

응급상황에 처한 응급환자들은 당황하거나 불안하여 생각을 말로 분명하고 원활하게 표현하기 어려우므로 상황을 이해하고 승객의 요구를 파악하려면 그들의 비언어적 행동과 음성 요소를 이해해야 한다. 환자는 비언어적 소통의 특징으로 불안감에 멍한 표정을 짓거나 육체적 고통으로 찡그리거나 당황하는 표정을 보인다. 심한 경우 횡설수설하거나 현실 인지 능력이 왜곡되어 언어 표현과 불일치하는 표정을 짓기도 한다. 불안감에 안절부절하거나, 감정을 참지 못하고 분노를 표현하거나, 목소리와 손발이 떨리고, 음성의 강약과 속도 조절 등에도 불안정함과 이상이 드러난다.

객실 승무원은 환자의 이름을 불러 주고 자신을 소개하는 등 환자에게 안정과 신뢰감을 주어 환자가 적절한 도움을 받을 수 있다는 확신을 갖게 해야 한다. 항공기 내에서도 응급상황에 대한 대응이 충분히 가능하다는 점을 설명하여 환자가 안심하도록 돕는다. 대화할 때 친절하면서도 낮고 분명한 어조를 사용하고, 말하는 속도를 환자의 감정에 맞춰 늦추거나 빠르게 조절하여 환자를 존중하고 환자에게 주의를 집중하고 있음을 표현한다. 또 환자와 눈을 맞추며 불안한 정도를 확인하고, 환자의 비언어적 표현을 지속적이고도 면밀하게 관찰하여 응급처치에 활용해야 한다.

3) 경청을 통한 소통

경청은 환자의 염려를 주의 깊게 들어 주는 소통의 한 방법으로, 환자의 불안을 일부 완화시키고 정보 수집을 촉진시킨다. 환자가 언제나 대화할 수 있도록 가능한 한 허용해야 한다. 경청은 듣는 사람에게 언어 활동에 제한이 있는 상황에서도 물리적, 가시적, 적극적인 과정이다.

- 환자의 말을 들을 때에는 적극적으로 경청하여 이해도를 높이도록 노력해야 한다.
- 환자의 생각과 느낌을 말하도록 격려하는 다음과 같은 말을 해 주는 것이 좋다.
  예) "계속하세요. 그래요. 아, 그렇군요. 알았어요."
  예) "음, 좀 더 말씀해 주세요."
  예) "어떻게 그런 일이 일어났는지 자세히 말씀해 보세요."

4) 질문을 통한 소통

질문을 통한 의사소통은 구체적인 정보를 수집하는 데 필요하다. 하지만 잘못된 질문기법은 오히려 환자에게 부정적 영향을 미칠 수 있으므로 주의한다.

- 질문을 지나치게 많이 하지 않는다.
- '왜'라는 질문은 하지 않는다. '왜'는 비난하는 느낌을 갖게 한다.
- 중복 질문을 하지 않는다.
- 너무 긴, 복잡한 질문은 하지 않는다.
- 구체적인 특정 정보를 얻으려는 것이 아니라면, 직접적인 질문은 하지 않는다.

4. 응급환자의 연령별 의사소통

1) 어린이 응급환자

어린이는 성인보다 갑작스러운 응급상황에 대한 불안감이 더 크므로 불안감을

완화시키는 데 중점을 두고 보살핀다. 어린이와 소통할 때에는 동반자나 보호자와 소통하는 것이 좋다. 만약 보호자 없이 탑승한 어린이(UM)라면 무엇보다 어린이가 안정감과 신뢰를 가질 수 있도록 친근하고 부드러운 태도로 어린이의 눈높이에 맞게 대화해야 한다.

어린이와 말할 때에는 어린이의 이름을 자주 부르면서 말하되 너무 많은 질문은 하지 않는 것이 좋다. 어린이가 질문할 때에는 솔직하게 대답하며, 간단한 말로 설명해 준다. 어린이에게 무엇인가를 선택하도록 요구하는 것은 어린이의 불안을 가중하기도 하므로 삼간다. 어린이의 동반자나 부모는 어린이가 아플 때 죄책감이나 불안감을 보이는 경우가 대부분이므로, 안정감을 가질 수 있도록 격려한다.

2) 노인 응급환자

노인은 고령으로 인한 신체적, 정신적 질환을 앓고 있는 경우가 많고, 지상과 다른 항공기 내의 특수환경으로 감각기관 등 신체 기능이 원활하지 못하고 감퇴할 확률이 높다. 또한 상황의 변화에 민감하며, 예기치 못한 응급상황에 대한 불안감이 더욱 크므로 불안감을 완화시키는 것이 중요하다. 따라서 노인 응급환자와 의사소통을 할 때에는 크고 분명한 목소리로 간단한 문장을 사용한다. 만약 보호자가 동행하고 있다면, 보호자와 협조하여 상황에 대응한다.

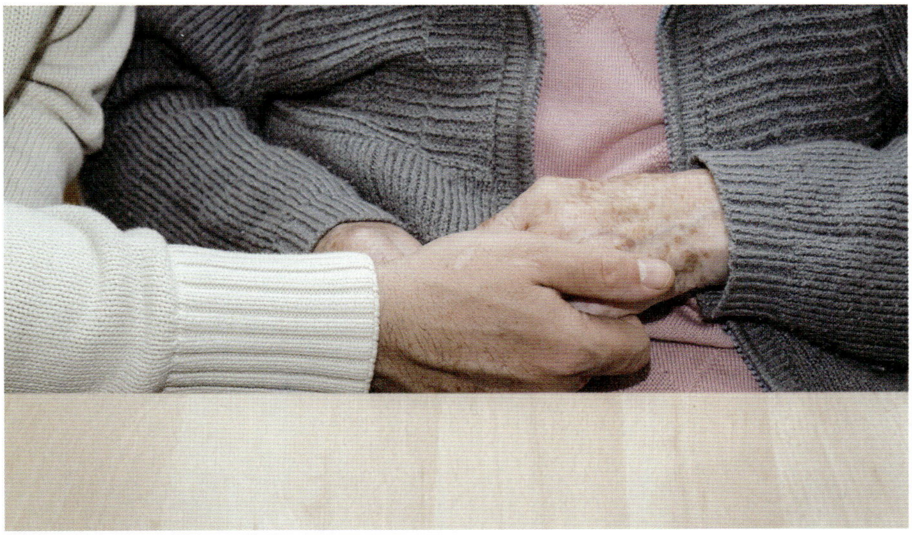

5. 응급환자의 불안 관리

기내 응급상황에서 객실 승무원이 환자를 직접 치료할 수는 없지만, 충분한 훈련을 통해 응급환자의 불안을 관리할 수는 있다. 응급환자의 불안을 관리함으로써 신체적, 정신적 증상을 완화시키고 응급처치를 더욱 용이하게 하며 긍정적 예후에 기여할 수 있다. 불안을 관리하는 대표적인 방법은 심호흡과 점진적 근육이완법이다. 이 방법들은 비교적 쉽게 시행할 수 있으며 그 효과도 좋은 편이다. 다음과 같은 방법으로 환자 승객이 심호흡과 이완을 할 수 있도록 돕는다.

1) 심호흡

심호흡은 폐 내의 호흡을 가능한 한 다량으로 출입시키도록 가슴이나 배를 펴고, 길고 크게 하는 호흡을 말한다. 환자가 응급상황으로 인해 불안감을 느끼면 교감신경이 활성화하여 호흡수가 증가하거나 과호흡 등을 겪을 수 있는데, 이는 불안을 더욱 악화시킨다. 안정적인 호흡은 환자의 긴장과 불안을 감소시키는 데 중요하므로 편안한 자세를 취하도록 돕고, 다음 순서를 따라 심호흡을 할 수 있도록 안내하며 구령을 붙여 주어 지지해 준다.

등을 곧게 펴고 똑바로 앉기

의자에 앉거나, 가부좌 자세로 바닥에 앉든지 간에 편안한 방법을 선택한다. 누워도 된다. 하지만 똑바로 앉는 자세가 폐활량을 극대화하여 심호흡 운동에 가장 좋은 자세이다.

팔을 지지하기

양팔을 의자의 팔걸이나 허벅지 위에 놓는다. 이렇게 하면 어깨에서 힘을 빼고 긴장을 푸는 데 도움이 된다.

코로 숨을 천천히 들이쉬기

코로 심호흡하며 4초를 센다. 호흡할 때 아랫배가 부풀어 올라야 한다.

숨을 참기

1~2초 동안 숨을 참는다.

숨을 내쉬기

이제 폐 속에 있는 공기를 입을 통해 내쉰다. 입에서 '쉬' 하는 소리가 나야 한다. 숨을 내쉴 때 배가 수축되는 것을 느끼도록 한다.

몇 초 동안 기다리기

호흡을 새로 시작하기 전에 몇 초 동안 멈춰 있는다. 휴지기를 두는 것은 과호흡을 방지하기 위함이다.

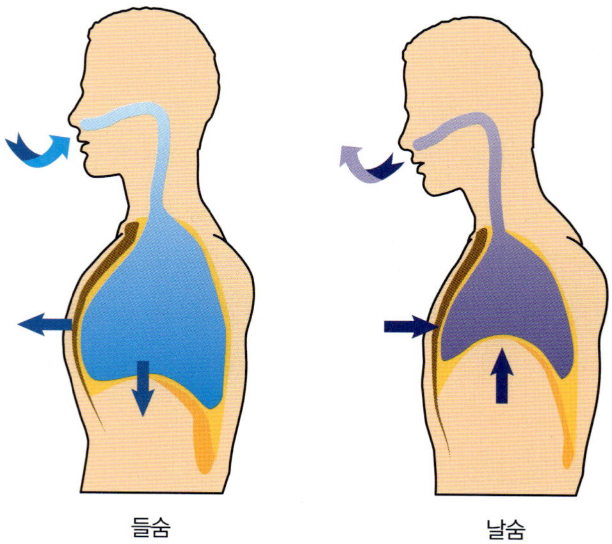

호흡에 따른 가슴의 변화

반복하기

이 순서를 약 5분 동안 반복한다. 1분에 6~8회 정도 호흡하는 것이 불안증을 완화시키는 데 효과적이다. 하지만 편안한 자신만의 자연스러운 호흡주기를 찾아내야 한다.

2) 점진적 근육이완법

점진적 근육이완법은 머리부터 발끝까지 근육의 긴장과 수축을 반복하여 근육에 대한 감각을 키우고 긴장된 근육을 풀어 주는 방법이다. 근육의 긴장은 불안과 관련되며, 근육이 이완되면 불안도 다소 경감된다. 하지만 응급상황에서는 전신의 수축과 이완에 다소 제약이 따르므로 환자의 상태에 따라 가능한 근육 부위를 일시적으로 수축하고 이완하는 반복연습이 긴박한 상황에 있는 환자의 불안 감소에 긍정적 영향을 줄 수 있다.

하지만 심호흡과 달리 점진적 근육이완법은 대상자의 반복연습을 통해 이완의 효과가 증대된다. 따라서 응급상황에서는 대상자의 상황과 대처능력을 판단하여 협조가 가능한 경우에 한해 부분적으로 실시해 보고, 다음 순서로 이완 범위를 확대해 나간다.

- 이마: 눈썹을 올리면 이마 근육이 위로 당겨지며 주름살이 생긴다. 이를 10초쯤 유지한 뒤 편안한 마음으로 20초 동안 서서히 힘을 뺀다.
- 눈: 5초 동안 눈을 꼬옥 감았다가 눈 주변 근육의 힘을 빼고 서서히 뜨는 동작을 되풀이한다.
- 입과 턱: 이를 악물고 양쪽 입가를 귀쪽으로 올린다. 이를 10초쯤 유지한 뒤 20초 동안 서서히 긴장을 푼다.
- 목: 턱을 가슴쪽으로 당겨서 10초 동안 목 주변 근육을 뻣뻣하게 긴장시킨 뒤 20초 동안 서서히 풀어 준다.
- 어깨: 팔 위쪽을 양 옆구리에 바짝 붙이고 두 어깻죽지를 머리쪽으로 당기면서 10초 동안 어깨를 긴장시켰다가 서서히 힘을 뺀다.
- 가슴과 배: 숨을 깊이 들이마시고 10초 동안 숨을 참아 가슴 주변과 배 근육을 긴장시켰다가 힘을 뺀다.
- 다리: 무릎, 허벅지, 엉덩이에 10초 동안 힘을 주었다가 20초 동안 서서히 뺀다. 발목과 발가락을 위로 굽히면서 종아리 근육과 함께 10초 동안 긴장시킨 뒤 20초 동안 이완시킨다.

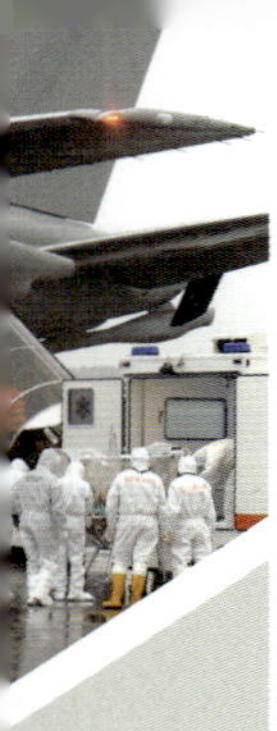

05

착륙 후 공항 협조체제 및 절차

Cooperative System & Procedure with the Airport upon Arrival

기내 응급환자 발생 후, 신속하게 응급처치를 하고, 필요 시 의사 호출을 통해 전문 의료진의 도움을 받고 지상 연계 원격 진료를 진행했음에도 환자의 증상이 악화되어 생명에 지장이 있다고 판단되면, 기장의 최종 판단에 따라 최종 목적지가 아니더라도 착륙 허가가 가능한 가까운 공항에 임시 착륙할 수 있다. 다음과 같은 자세한 협조체제 내용을 숙지하여 응급상황에 적당한 조치를 신속히 취하도록 한다.

- 착륙 공항 지점과 긴밀한 협조체제를 통해 환자가 안전하고 순조롭게 인계되도록 노력한다.
- 착륙 시 환자 상태에 따라 사전에 필요한 응급 장비와 함께, 전문 의료진 대기 요청을 했다면 응급환자 지원이 신속하고 순조롭게 진행되도록 조치할 수 있다.
- 임시 착륙 허가를 받은 공항이 아니라 원래 최종 목적지에 도착한다면, 더 구체적인 의료 지원을 요청할 수 있으므로 기장은 목적지 공항 결정 시 신중하게 판단해야 한다.

또한 기장은 착륙 후 지상 의료 지원이 필요하다고 판단되면, 앰뷸런스 및 전문 의료인 대기를 요청하여 착륙 후 즉각적인 진료 서비스 지원이 가능하도록 할 수 있다.

- 응급환자가 생명이 위중한 상태에 있다면 앰뷸런스 대기를 요청할 수 있다. 이때 앰뷸런스의 대기 위치 및 하기하는 도어의 위치, 기내에서 응급처치 시

대기 중인 앰뷸런스

추가로 요구된 사항 및 기타 사항을 전달한다.

- 객실 사무장은 응급환자의 상태를 보아 착륙 후에 전문 의료진의 연장 진료가 필요하다고 판단될 때에는 착륙 전에 기장에게 이 사실을 보고하고, 기장의 최종 판단하에 해당 목적지 공항에 지원을 요청한다. 이때 승무원은 공항 게이트 도착 시 전문 의료진이 응급환자에게 최대한 신속하게 접근할 수 있도록 나머지 승객들에게 착석해 줄 것을 요구하는 기내 방송(PA)을 실시한다.

그리고 착륙 후에는 다음의 공항 협조체제 절차를 따르도록 한다.

- 착륙 후 기내 탑승객들에게 기내 응급환자의 하기에 관한 사항을 방송하고 미리 탑승객들의 협조를 구한다.
- 긴급한 응급환자가 먼저 하기할 수 있도록, 그 외 승객들은 하기를 안내받을 때까지 기내 좌석에서 기다리도록 안내 방송을 실시한다.
- 착륙 후 인계할 응급환자에 관한 모든 참고 사항을 지상에 대기하고 있는 의료진에게 전달한다.

- 환자의 성별
- 생년월일(나이)
- 주소 및 연락처
- 동반자 유무
- 병력
- 약품 소지 여부
- 응급처치 내용과 활력징후

• 도착 후 공항 의료진에게 환자가 인도될 때까지 승무원은 반드시 환자 옆에서 지속적인 도움을 준다.

• 승무원 교대 시에는 응급환자 상태에 관한 기본 상황을 교대팀에 알릴 수 있도록 보고서를 전달한다.

착륙 후 공항 협조 시 유의점

• 최대한 환자를 편안하게 안정시킨다.

• 응급환자 주위가 소란스럽지 않게 유지한다.

• 응급환자 상태에 주의를 집중하고 배려하도록 한다.

잠깐! 점검해 볼까요?

01

응급환자 후속관리 기본

1. '응급환자 후속관리 기본'을 정리해 보시오.

02

전염병 환자 후속관리

1. 전염병 환자에 대한 후속조치를 정리해 보시오.

2. 전염병 환자 발생 시 감염을 예방하기 위한 승무원의 행동요령을 정리해 보시오.

03 기내 사망자 후속관리

1. 기내에서 사망자가 발생한 경우 취해야 할 조치를 정리해 보시오.

04 응급환자의 심리 후속관리

1. 기내 응급환자와 의사소통하는 기본원칙을 정리해 보시오.

2. '응급환자의 신체 및 심리 상태'에 따른 적절한 대화요령을 정리해 보시오.

3. 불안을 느끼며 긴장한 승객에게 점진적 근육이완법을 시행해 보시오.

05 착륙 후 공항 협조체제 및 절차

1. '착륙 후 공항 협조체제 절차'에 따라 환자에게 응대해 보시오.

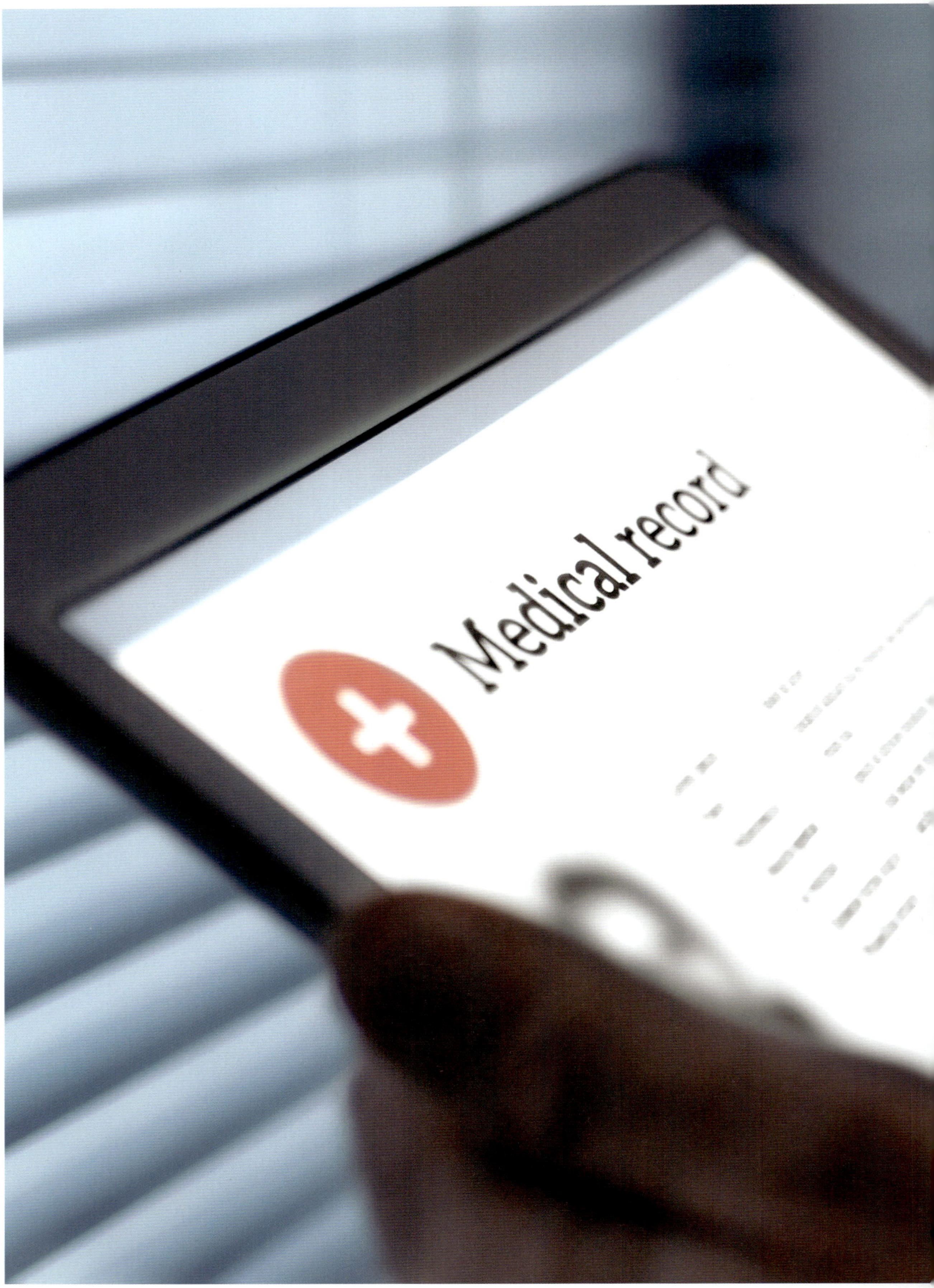
Medical record

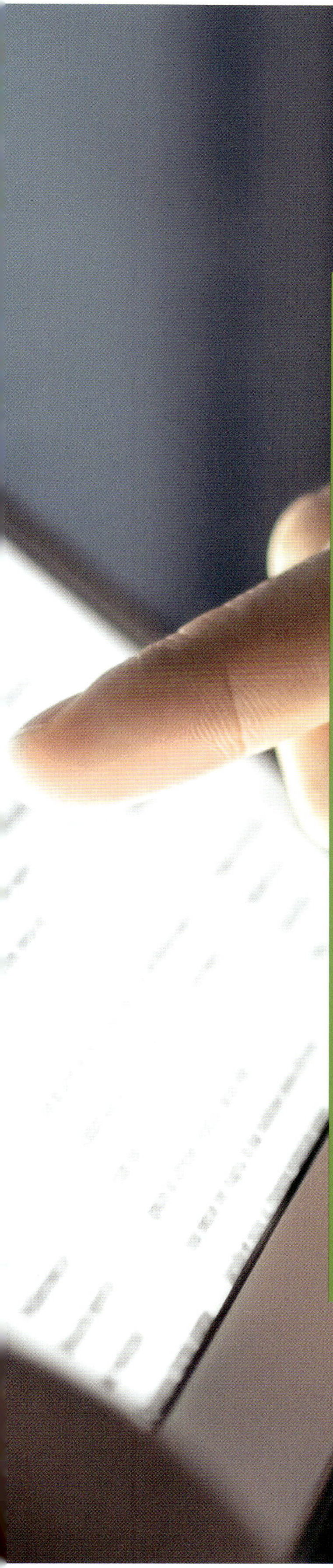

기내 응급환자 대처상황 기록

Response Records of Emergency Patients on Board

6

01

의료 기록부

Medical Record

수행 준거

- 객실 서비스 및 객실 안전 규정에 따라 응급환자 발생 시 조치 내용과 상태를 기록할 수 있다.
- 객실 서비스 및 객실 안전 규정에 따라 응급환자 관련 후속조치 내용을 기록할 수 있다.
- 객실 서비스 및 객실 안전 규정에 따라 응급환자의 공항 인계인수 내용을 기록할 수 있다.
- 객실 서비스 및 객실 안전 규정에 따라 비행 종료 후 환자 조치 내역을 기록하여 회사에 보고하고 향후 환자 관리에 참고가 되도록 할 수 있다.

항공기 응급환자 발생 시 승무원이 일차적인 응급처치를 했다면, 그 증상이 경미하거나 중증인 경우에도 환자의 신상과 증상, 응급처치 내용 등 상세한 내용을 시간대별로 의료 기록부(Medical Record)에 기록하여 보관한다. 이 자료는 응급환자 발생으로 인한 항공편 회항이나 항로 변경 등 기장의 결정이나 응급의료 콜 시스템(EMCS)을 통한 의료 자문 시 원활한 커뮤니케이션, 착륙 국가의 입국을 위한 서류 작성 시 주요한 정보로 활용된다. 환자의 응급 상태나 응급 장비 사용 여부에 따라 보고 서류나 보고 체계를 달리한다.

1) Medical Record 개념

Medical Record는 일반적으로 의료인의 판단에 의해 특정 환자의 병력과 진료 내용을 시간 경과에 따라 기록한 체계적인 문서를 뜻한다. 항공기 내에서는 환자 승객의 시간대별 처치 및 의료 기록 등에 관한 모든 사항을 기록하고 보관하는 문서/기록을 의미한다.

2) Medical Record 필수 기록사항

- 환자 승객의 성명, 연령, 성별, 휴대폰 번호, 집 전화번호, 집 주소
- 환자 승객의 직업
- 보호자 연락처, 보호자 집 주소, 환자와의 관계
- 기내 응급상황 발생 장소와 시간
- 기내 응급상황 발생 당시 환자 상태(혈압, 맥박, 체온, 호흡)
- 기내 응급상황 발생 당시 비행에 관한 상황(객실 고도, 현지시간, 터뷸런스 등)
- 기내 응급상황에 대한 구체적 설명
- 기내 의료장비 사용 여부
- 시간대별 의료인의 조치사항
- 시간대별 객실 승무원의 처치사항
- 도움을 준 의료인의 성명 및 연락처(명함 권장)

Medical Record

3) Medical Record 작성 시 사용되는 기초 의료용어

진단명	의학용어	진단명	의학용어
심장(질환)	cardiac, heart(disease)	당뇨	diabetes, diabetes mellitus, DM
심부전	cardiac, heart failure	심혈관	cardiovascular
심장발작	heart attack	공황장애	panic attack
협심증	angina pectoris	골절	fracture
천식	asthma	염좌	sprain
폐렴	pneumonia	외상	external injury
천식발작	asthma attack	염증	infection
고혈압	hypertension	타박상	contusion
저혈압	hypotension	찰과상	abrasion, scratch
치매	dementia, alzheimer's disease	열상	laceration
뇌전증, 경련	epilepsy, seizure/convulsion	자상	stab wound
수술	operation, surgery	소화불량	indigestion

진단명	의학용어	진단명	의학용어
맹장수술	appendectomy	위경련	stomach cramp
폐암	lung cancer	몸살	general ache
간암	liver cancer/hepatoma	장염	enteritis, colitis
대장암	colon cancer	금단증상	withdrawal symptoms
위암	stomach cancer	빈혈	anemia
자궁암	uterine cancer	고소공포증	acrophobia
백혈병	leukemia	뇌경색	cerebral infarction
골수	bone marrow	골수 이식	bone marrow transplantation
뇌출혈	brain(cerebral) hemorrhage	뇌졸중	stroke
땀	sweat	불안정한	unstable
호흡곤란	dyspnea, SOB(shortness of breathing)	경직	stiffness
기침	cough	깊은 호흡	deep breathing
가래	sputum	창백하다	look pale, white
재채기	sneeze	심전도	EKG(Electrocardiogram)
흉통	chest pain	뇌전도	EEG(Electroencephalogram)
어지럼증	dizziness	동맥	artery
오한	chill	정맥	vein
저체온증	hypothermia	정맥주사	intravenous injection
구토	vomiting	근육주사	intramuscular injection
토혈	hematemesis, blood vomit	속이 더부룩하다	feel heavy in the stomach
각혈, 객혈	hemoptysis, blood sputum	설사	diarrhea
동공	pupil	변비	constipation
동공확대	pupil dilatation/mydriasis	마비	paralysis
심박수, 맥박수	HR(heart rate), PR(pulse rate)	과호흡	hyperventilation
코피	epistaxis, nose bleed, nasal bleeding	저산소증	hypoxia
맥박	pulse	우울증	depression
구강호흡	mouth to mouth breathing	불면증	insomnia
인공호흡	artificial respiration	만성적인	chronic
일시적인	temporary	소변	urine
폐쇄공포증	claustrophobia	대변	stool

의료기기/처방	의학용어	의료기기/처방	의학용어
체온계	thermometer	식염수	saline solution
수은 체온계	mercury thermometer	연고	ointment
청진기	stethoscope	소독약	antiseptic
혈당계	glucometer	해열제	antipyretics, fever reducer
혈압계	sphygmomanometer	설사약	diarrhea medicine antidiarrheal
투약	administration	진통제	pain killer
주사	injection	소염제	antiinflammatory
부작용	side effect	면봉	cotton swab
후유증	after effect	소화제	digestive medicine
전염	contagion, infection	지혈	hemostasis, stop the bleeding

전문의	의학용어	전문의	의학용어
소아과/의사	pediatrics/pediatrician	피부과/의사	dermatology/dermatologist
내과/의사	internal medicine/internist	치과/의사	dental clinic/dentist
이비인후과/의사	ENT(ear–nose–and–throat) clinic. otolaryngology/otolaryngologist	한의학/의사	oriental medicine/oriental doctor
산부인과/의사	OBGY(obstertrics–gynecology)/obstetrician	비뇨기과/의사	urology/urologist
안과/의사	ophthalmology/ophthalmologist	응급의학과/의사	emergency medicine doctor
외과/의사	surgery/surgeon	ㅇㅇ과 의사	ㅇㅇ physician
신경과/의사	neurology/neurologist	마취과/의사	anesthesiology/anesthesiologist
정형외과/의사	OS(orthopedic surgery)/orthopedist	방사선과/의사	radiology/radiologist
정신과/의사	psychiatry/psychiatrist	조산사	midwife

02

보고서 작성법

How to Create Medical Reports

Medical Record를 비롯하여, 기내에서 발생한 응급환자를 조치한 후 의료 보고서를 작성할 때에는 응급환자가 발생한 상황부터 기술하고 기본적으로 다음 사항을 기록해야 한다.

- 승객의 인적 사항 및 의료인 인적 사항
- 상황 발생 장소 및 시점, 발생 경위
- 의료진의 응급처치 사항 및 사용한 의료장비
- 환자 상태

이와 같은 환자 및 의료인, 상황에 대한 내용만이 아니라 다음과 같은 응급처치 및 의료행위에 대한 동의 여부도 기록한다.

- 응급처치를 하기 전에 환자의 허락을 받았는지(의식이 있는 환자의 경우) 여부
- 응급환자에게 어떻게 도울 것인지를 안내했는지 여부
- 의식이 있는 환자가 유아나 미성년자라면, 응급처치 시 부모나 보호자에게 허락을 받았는지 여부
  - ☞ 단 의식이 없는 환자라면 응급처치에 관한 묵시적 동의가 이루어진 것으로 판단하여 처치해도 무방하다.

보고서를 작성하는 요령은 크게 2가지인데, 시간순 및 육하원칙에 의거하여 기록하는 것이다.

시간순에 의한 기록

- 환자의 증상, 징후 및 응급조치 내용을 시간대별로 기록한다.
- 응급처치 후 환자의 후속 상태와 관리를 시간대별로 기록한다.

육하원칙에 의한 기록

- When: 환자 발생 연월일, 시각과 그 외 모든 진행상황을 시간대별로 기록한다.
- Where: 항공기 편명, 출발지와 도착지, 환자가 발생한 구역과 좌석번호를 기록한다.
- What/How: 무슨 응급처치 방법으로 환자를 어떻게 처치했는지를 기록한다.
- Why: 응급환자의 증상과 징후는 승무원이 응급처치 방법이나 절차를 선택하는 데 중요한 이유가 될 수 있으므로 상세히 기록한다.
- Who: 응급처치를 시행한 승무원을 포함하여 관련 승무원의 신상과 담당한 업무를 상세히 기록한다.

03

경증 환자 응급처치 보고서 사례

Report Cases: Emergency Treatment for Patients with Light Symptoms

기내에서 경미한 증세의 환자가 발생하여 응급처치를 시행하고, 착륙 후 별도의 의료 지원이 필요하지 않을 경우, 해당 항공편 사무장은 회사 복귀 후 소속 항공사가 지정한 보고서 양식이나 온라인 보고서 형식에 따라 보고서를 작성한다. (항공사마다 보고서 형식이 다를 수 있다.) 보고서에는 다음 내용을 기재해야 한다.

- 항공편명(기장 및 사무장 기입)
- 승객 좌석번호
- 동반자 유무
- 응급환자 최초 발생 시간
- 응급환자의 증상과 징후
- 응급처치 내용

1. 가상 사례: 가벼운 손목 염좌 환자

- 인적 사항: 37세 여성
- 국적: 대한민국

개요

화장실에 다녀오던 승객이 마주오던 승객을 피하다 넘어지면서 좌측 손바닥을 바닥에 짚은 후 좌측 손목에 통증이 발생함

발생 경위

- 화장실에 다녀오던 27A 승객이 마주오던 승객을 피하려다 순간 균형을 잃고 넘어지면서 좌측 손바닥을 바닥에 짚은 후 통증이 발생함
- 좌측 손가락의 움직임이 양호하고 좌측 손목부위에서 부종이나 멍은 관찰되지 않으나 손목을 움직이려 할 때 약간의 통증을 호소하면서 불편해함

승무원 조치사항

- 해당 구역 담당 승무원이 사고 상황을 목격하고 상태를 확인함
- 손목 관절의 움직임을 제한하기 위해 압박붕대를 감은 후 얼음팩으로 부종을 진정시키며 상태를 관찰함
- 도착 후에 의료진의 진료에 대해 안내했으나 승객이 진료를 원하지 않음

2. 실제 사례: 두드러기 환자

- 인적 사항: 56세 여성
- 국적: 대한민국

개요

전신에 두드러기 발진 및 가려움증이 발생한 승객이 몸을 긁으면서 승무원에게 도움을 요청함

발생 경위

- 45B 승객은 평소에도 환경이 바뀌면 두드러기가 발진하여 피부과에서 처방받은 약을 복용해 왔음
- 이 승객이 항공기 이륙 후 약 2시간 후부터 양팔과 다리에 가려움증 및 발진이 발생하여 여행 중 비상용 약을 복용하려 했으나 약을 분실하여 승무원에게 도움을 요청함

승무원 조치사항

- 승무원이 승객 상태를 관찰하던 중 발진부위가 팔다리에서 몸통과 목으로

진행되어 의료진의 도움이 필요하다고 판단하여 의사 호출 방송을 실시함

- 기내 의료진(응급의학과 전문의)이 환자의 활력징후와 상태를 확인한 후, 현재는 위급한 상황이 아니지만 상태 악화 시 아나필락틱 쇼크 등의 위급상황으로 진행될 수 있다고 판단하여 주사제 사용을 요청함. 이에 비상의료용구상자(EMK)를 개방하여 항히스타민제와 부신피질스테로이드제를 주사함
- 약 5분 후 승객이 가려움증이 호전되었다고 했고 혈압이 125/70으로 정상임
- 약 10분 후 확인 시 부어오른 발진이 점차 호전되고 있음
- 이후 승객을 지속적으로 관찰하던 중 착륙 전 상태가 호전되어 정상적으로 하기함

04

중증 환자 응급처치 보고서 사례

Report Cases: Emergency Treatment for Patients with Severe Symptoms

기내에서 중증 응급환자가 발생하여 응급처치를 하기 위해 의사를 호출하고 진료를 시작했다면 승무원은 반드시 환자의 상태를 살피면서 의사 곁에서 도움을 주어야 한다. 기록을 담당한 승무원은 의사의 응급처치 상황을 시간대별로 메모하여 추후 보고서에 이를 기재할 수 있도록 정리해 둔다. 그 내용으로는 승객의 인적 사항, 의료인 인적 사항, 상황 발생 장소 및 시점, 발생 내용 및 의료진의 응급처치 사항, 환자의 상태, 사용된 의료장비 등을 작성한다.

필요 시 증인이 될 수 있는 주변 사람들의 좌석번호, 신상, 진술서를 확보하고, 의사 호출 후 EMK나 FAK 등 기내 탑재 응급장비나 약품 사용 시 반드시 사용 여부를 기록하여 보고해야 한다. 특히 EMK를 사용할 정도의 응급환자가 발생했고 의사 호출 진료가 있었다면 반드시 응급처치 내용과 세부 상태를 의료정보 기록지(Medical Information Form, MEDIF)에 기입하도록 안내한다.

지상의 항공 보건 팀 전문의에게 자문을 구한 경우에도 그 내용과 징후에 관한 상세한 사항을 시간대별로 기록하여 착륙 후 의료 지원 형태를 판단하는 데 신빙성 있는 증거가 되도록 준비해야 한다. 해당 항공편의 사무장은 객실 보고서(Cabin Report)에 이들 사항을 상세히 기록하여 회사에 보고한다.

의료정보 기록지(MEDIF)

Aircraft Operations

APPENDIX 'E'

MEDIF

ATTACHMENT A

Information Sheet for Passengers Requiring Special Assistance

1. Last name / First name / Title ....

2. Passenger name record (PNR) ....

3. Proposed itinerary ....
   Airline(s), flight number(s) ....
   Class(es), date(s), segment(s) ....

4. Nature of disability ....

5. Stretcher needed onboard? ____ Yes ____ No

6. Intended escorts ____ Yes ____ No
   Name .... Title .... Age ....
   PNR if different ....
   Medical qualification ____ Yes ____ No Language spoken ....

7. Wheelchair needed ____ Yes ____ No
   Wheelchair categories ____ WCHR ____ WCHS ____ WCHC Own wheelchair ____ Yes ____ No
   Collapsible WCOB ____ Yes ____ No Wheelchair type ____ WCBD ____ WCBW ____ WCMP

8. Ambulance needed (to be arranged by the passenger or his/her representative)............__ Yes .... ____ No
   If yes, specify name of ambulance company, name and telephone number of contact person ....
   ....

9. Meet and assist ____ Yes ____ No
   If designated person, specify contact ....

10. Other ground arrangements needed ____ Yes ____ No
    If yes, specify ....
    Departure airport ....
    Transit airport ....
    Arrival airport ....

11. Special inflight arrangements needed ____ Yes ____ No
    If yes, specify type of arrangements (special meal, extra seat, leg rest, special seating) ....
    Specify equipment (respirator, incubator, oxygen, etc) ....
    Specify arranging company and at whose expense ....

12. Frequent traveller medical clearance (FREMEC) ____ Yes ____ No
    If yes, specify FREMEC number, issued by, expiry date ....

출처: IATA Medical Manual 12th(2020)

의료정보 기록지(MEDIF)

Medical Manual

ATTACHMENT B PART ONE

Information Sheet for Passengers Requiring Medical Clearance (to be completed or obtained from the attending physician)

1. Patient's name ....

   Date of Birth .... Gender .... Height .... Weight ....

2. Attending physician name ....

   E-mail ....

   Telephone (mobile preferred), indicate country and area code .... Fax ....

3. Diagnosis (including date of onset of current illness, episode or accident and treatment, specify if contagious) ....

   ....

   ....

Nature and date of any recent and/or relevant surgery ....

4. Current symptoms and severity ....

   ....

   ....

5. Will a 25% to 30% reduction in the ambient partial pressure of oxygen (relative hypoxia) affect the passenger's medical condition? (Cabin pressure to be the equivalent of a fast trip to a mountain elevation of 2400 metres (8000 feet) above sea level) ____ Yes ____ No ____ Not sure

6. Additional clinical information

a.	Anemia	____ Yes	____ No	If yes, give recent result in grams of hemoglobin ....
b.	Psychiatric and seizure disorder	____ Yes	____ No	If yes, see Part 2
c.	Cardiac condition	____ Yes	____ No	If yes, see Part 2
d.	Normal bladder control	____ Yes	____ No	If no, give mode of control ....
e.	Normal bowel control	____ Yes	____ No	
f.	Respiratory condition	____ Yes	____ No	If yes, see Part 2
g.	Does the patient use oxygen at home?	____ Yes	____ No	If yes, specify how much ....
h.	Oxygen needed in flight?	____ Yes	____ No	If yes, specify ____ 2 LPM ____ 4 LPM ____ Other

7. Escort

a.	Is the patient fit to travel unaccompanied?		____ Yes	____ No
b.	If no, would a meet-and-assist (provided by the airline to embark and disembark) be sufficient?		____ Yes	____ No
c.	If no, will the patient have a private escort to take care of his/her needs onboard?		____ Yes	____ No
d.	If yes, who should escort the passenger?	____ Doctor	____ Nurse	____ Other
e.	If other, is the escort fully capable to attend to all the above needs?		____ Yes	____ No

8. Mobility

   a. Able to walk without assistance ____ Yes ____ No b. Wheelchair required for boarding ____ to aircraft ____ to seat

9. Medication list ....

10. Other medical information ....

출처: IATA Medical Manual 12th(2020)

IATA **Aircraft Operations**

ATTACHMENT B PART TWO

Information Sheet for Passengers Requiring Medical Clearance (to be completed or obtained from the attending physician)

1. Cardiac condition
   a. Angina ____ Yes ____ No When was last episode? ....
   - Is the condition stable? ____ Yes ____ No
   - Functional class of the patient?
     ____ No symptoms ____ Angina with strenuous efforts ____ Angina with light efforts ____ Angina at rest
   - Can the patient walk 50 metres at a normal pace or climb 10 -12 stairs without symptoms? ____ Yes ____ No

   b. Myocardial infarction ____ Yes ____ No Date ....
   - Complications? ____ Yes ____ No If yes, give details ....
   - Stress EKG done? ____ Yes ____ No If yes, what was the result? .... Metz
   - If angioplasty or coronary bypass,
     Can the patient walk 50 metres at normal pace or climb 10–12 stairs without symptoms? ____ Yes ____ No

   c. Cardiac failure ____ Yes ____ No When was last episode? ....
   - Is the patient controlled with medication?____ Yes____ No
   - Functional class of the patient?
     __ No symptoms __ Shortness of breath with strenuous efforts __ Shortness of breath with light efforts __ Shortness of breath at rest

   d. Syncope ____ Yes ____ No Last episode ....
   Investigations? ____ Yes ____ No If yes, state results ....

2. Chronic pulmonary condition ____ Yes ____ No
   a. Has the patient had recent arterial gases? ____ Yes____ No
   b. Blood gases were taken on: ____ Room air ____ Oxygen ....LPM
   If yes, what were the results .... pCO_2 .... pO_2
   Saturation .... Date of exam............
   c. Does the patient retain CO_2? ____ Yes ____ No
   d. Has his/her condition deteriorated recently? ____ Yes____ No
   e. Can the patient walk 50 metres at a normal pace or climb 10-12 stairs without symptoms? ____ Yes ____ No
   f. Has the patient ever taken a commercial aircraft in these same conditions? ____ Yes ____ No
   - If yes when? ....
   - Did the patient have any problems? ....

3. Psychiatric Conditions ____ Yes ____ No
   a. Is there a possibility that the patient will become agitated during flight ____ Yes ____ No
   b. Has he/she taken a commercial aircraft before ____ Yes ____ No
   - If yes, date of travel? .... Did the patient travel ____ alone ____ escorted?

4. Seizure ____ Yes ____ No
   a. What type of seizures?............
   b. Frequency of the seizures............
   c. When was the last seizure? ....
   d. Are the seizures controlled by medication? ____ Yes ____ No

5. Prognosis for the trip ____ Good ____ Poor

   Physician Signature .... Date ....

Note: Cabin crew are not authorized to give special assistance (e.g. lifting) to particular passengers, to the detriment of their service to other passengers. Additionally, they are trained only in **first aid** and are not permitted to administer any injection, or to give medication.

Important: Fees, if any, relevant to the provision of the above information and for carrier-provided special equipment are to be paid by the passenger concerned.

출처: IATA Medical Manual 12th(2020)

1. 가상 사례: 흉통 환자

- 인적 사항: 65세 남성
- 국적: 대한민국

개요

명치 주변이 답답한 듯한 불편감이 있어 승무원에게 도움을 요청함

발생 경위

- 17A 승객은 평소 고혈압으로 항고혈압제를 복용해 왔음
- 기내에서 제공한 점심 식사 후 약 30분이 지나 명치 주변이 답답한 듯 불편하다고 하며 협심증 병력이 있어 불안해하며 승무원에게 도움을 요청함

승무원 조치사항

- 승무원이 환자 상태와 병력을 확인한 후 협심증 병력이 확인되어 전자식 혈압계로 혈압을 측정하니 혈압이 170/105mmHg로 다소 높게 나옴
- 혈압 측정 직후 환자가 식은땀을 흘리고 답답한 느낌이 아픈 느낌으로 바뀌면서 증세가 심해지는 것 같다고 호소함. 의료진의 도움이 필요하다고 판단되어 의사 호출 방송을 실시함
- 기내 의료진(내과 전문의)이 환자의 활력징후와 상태를 확인한 후 협심증 증상 가능성을 배제할 수 없다고 판단하여 니트로글리세린 투여를 요청함. 이에 비상의료용구 상자를 개방하여 니트로글리세린 1정을 설하 투여함
- 약 5분 후 명치 통증과 불편감이 호전되고 이때 혈압은 130/75mmHg로 떨어짐
- 기내 의료진은 협심증인 것으로 강력히 의심된다고 판단하여 아스피린 1정을 씹어서 추가로 복용시키고 상태 경과를 관찰하기로 함. 착륙 전까지 증상이 재발하지 않더라도, 착륙 후 응급실 진료가 반드시 필요하다는 기내 의료진의 권고를 받아 이를 기장에게 보고함
- 이후 승객을 지속적으로 관찰하던 중 착륙 전까지 상황이 재발하지 않았으나, 기내 의료진 권고에 따라 승객에게 하기 후 응급실 진료가 필요함을 설명하고 승객이 이에 동의함. 공항에 앰뷸런스를 요청하여 하기 후 공항 근처 응급실로 이송함

2. 실제 사례: 실신 환자

- 인적 사항: 34세 남성
- 국적: 파키스탄

개요

좌석에서 식은땀을 흘리며 정신을 못 차리는 승객이 있어 옆 좌석 승객이 승무원에게 도움을 요청함

발생 경위

33B 승객이 갑자기 식은땀을 흘리면서 신음소리를 내다 정신을 잃어 33A 승객이 승무원에게 도움을 요청함

승무원 조치사항

- 33A 승객에 의하면 1시간 전에 배식된 저녁 기내식을 거의 먹지 못하고 남김
- 33B 승객을 흔들며 불렀으나 승객이 대답 없이 축 늘어져 있으며 얼굴색이 창백하고 식은땀을 흘림
- 승무원이 경동맥을 촉지했으나 맥박이 다소 느리게 느껴져 동료 승무원에게 의사 호출 방송을 요청함. 승객 셔츠의 위 단추를 풀고 33A 승객의 도움을 받아 바닥에 눕히자 33B 승객이 신음소리를 내며 눈을 뜸. 이때 혈압을 측정하니 80/50mmHg, 맥박은 45회/분으로 확인됨
- 기내 의료진(응급의학과 전문의)이 도착하여 상태를 확인한 후 저혈압과 규칙적인 서맥이 관찰되어 생리식염수 투여를 요청함. 이에 비상의료용구 상자를 개방하여 정맥로를 확보하고 생리식염수액을 투여함
- 저혈압과 서맥이 악화되는 상황에 대비하여 자동제세동기를 준비하여 전극 패치를 가슴에 부착함. 약 50cc 생리식염수액을 투여하는 중 의식을 회복함. 이때 혈압이 130/80mmHg, 맥박은 72회/분으로 회복됨
- 33B 승객에 의하면 파키스탄에서 고등학교 수학 교사를 하던 중 돈을 벌기 위해 한국행을 결정함. 그러나 대한민국 출입국관리소 입국심사에서 강제추방을 당해 본국으로 귀환 중이었음. 이로 인해 심한 스트레스를 받고 식욕이 없어져 저녁도 못 먹었는데 갑자기 배에 극심한 통증을 느꼈고 이를 참던 중

정신을 잃었다고 함

- 20여 분 바닥에서 상태를 관찰했으나 상태가 양호함. 기내 의료진은 심한 정신적 스트레스에 복통이 중복되어 발생한 미주신경성 실신으로 추정하고, 착륙 시까지 생리식염수액 투여를 유지하고 괜찮으면 추후 병원 진료를 받을 것을 권고함
- 하기 시까지 컨디션이 양호하여 수액을 제거한 후 33B 승객에게 공항 인근 병원에서 연계 진료를 받을 것을 권했으나 승객이 따로 진료를 받겠다며 연계 진료를 원치 않음

잠깐! 점검해 볼까요?

01

의료 기록부

1. 의료 기록부에 필수로 기록해야 하는 사항은 무엇인가?

02

보고서 작성법

1. 보고서 작성 시 환자의 인적 사항 외에 기록해야 하는 것은 무엇인가?

2. 시간순에 따라 보고서를 작성하는 방법을 서술해 보시오.

3. 육하원칙에 의거하여 보고서를 작성하는 방법을 서술해 보시오.

03 경증 환자 응급처치 보고서 사례

1. 경증 환자 발생 시 보고서 작성법을 정리해 보시오.

04 중증 환자 응급처치 보고서 사례

1. 중증 환자 발생 시 보고서 작성법을 정리해 보시오.

7

객실 승무원 건강 유지 및 증진

How to Encourage Cabin Crew to Stay Healthy & Improve

01

건강 유지 및 증진 방법

How to Stay Healthy & Improve

35,000피트 상공에서 활동적으로 업무를 수행해야 하는 객실 승무원에게 건강은 매우 중요하다. 객실 승무원은 평소 자신의 건강상태를 세심하게 점검하고 돌보아 항상 최적의 상태로 비행할 수 있도록 노력해야 한다. 아울러 비행 중 발생할 수 있는 요통, 견갑통, 중이염 등 각종 징후에 대한 내용을 숙지하여 이를 예방하기 위한 노력을 기울여야 한다.

가장 널리 사용되는 건강의 개념은 세계보건기구 헌장에 정의된 것이다. "건강은 단순히 질병이 없는 상태가 아니라 완전히 신체적, 정신적, 사회적으로 안녕한 상태이다." 건강은 개인뿐 아니라 가족, 회사, 나아가 국가에도 매우 중요하다. 삶의 질을 높이고 적극적으로 삶을 향유하기 위해 건강은 필수적으로 요구되나, 건강할 당시에는 그 소중함을 잊는 경우가 많다. 건강은 하루아침에 이루어지는 것이 아니므로, 바로 지금부터 절제된 건강한 생활방식을 실천하려는 노력을 해야 한다.

개인의 건강 관리를 위한 세 가지 기본사항은 다음과 같다.

1. 식습관

올바른 식생활이란 제때에, 다양한 식품을 골고루, 자신의 체중과 활동량에 알맞게, 싱겁게, 온 가족이 한자리에 모여 즐겁게 먹는 것이다.

그러나 최근에는 식생활의 서구화, 불규칙한 식사, 잦은 외식 등 다양한 식생활의 변화로 뇌혈관 질환, 심장병, 위암, 고혈압성 질환, 당뇨병 등의 만성 질환이 증가하고 있다. 지방질이 많은 음식의 섭취는 고지혈증을 초래하며, 지방질은 혈관의 내벽에 쌓이게 되어 동맥경화증을 유발하고, 특히 심장혈관에 이런 현상이 일어나면 관상동맥 내부가 좁아져 협심증이나 심근경색증 같은 질환을 유발한다. 지방질이 풍부한 대표적인 음식으로 고기, 계란 노른자, 새우, 조개류, 굴, 생선알, 오징어 등을 들 수 있다.

한편 육류, 간, 콩팥, 정어리, 생선알 같은 퓨린을 많이 함유한 단백질의 섭취가 과도한 경우, 혈액 성분에 요산이라는 물질이 증가하는데 이를 고요산혈증이라고 한다. 그리고 요산이 관절 안에서 결정을 이루면 관절이 붓고 매우 아픈 상태가 되는데, 이를 통풍이라고 한다. 통풍은 특히 엄지 발가락 관절에 주로 생긴다. 생명 유지 및 삶의 질을 떨어뜨리지 않으면서 최상의 건강상태를 유지하려면 올바른 식습관을 가져야 하며, 편식하지 않고 음식의 간을 싱겁게 하여 먹으며, 규칙적인 식사를 하고 과식하지 않는 것이 바람직하다. 식습관 불균형이 원인이 되어 생긴 만성 질환은 올바른 식생활로의 식습관 개선을 통해서만 좋아질 수 있다.

1) 규칙적으로 먹기

- 신체 리듬에 맞춰 규칙적으로 식사하는 것은 매우 중요하다.
- 불규칙적인 식사는 다음 끼니의 과식으로 이어져 영양 불균형을 초래한다.
- 불규칙적인 식사를 계속하면 소화기관의 손상 또는 관련 질환이 생기는 등 건강을 해치게 된다.
- 특히 아침식사는 자동차에 시동을 걸듯이 인체에 시동을 걸어 주므로 꼭 챙겨 먹는 것이 좋다.

2) 아침 거르지 않기

- 아침을 거르면 혈당치 저하로 무기력해지며 집중력이 떨어진다.

- 다음 끼니의 과식으로 이어져 영양 불균형을 초래한다.
- 이러한 불규칙적인 식사를 계속하면 소화기 관련 질환의 발병으로 건강을 해치게 된다.

3) 골고루 먹기

영양소라는 것은 특정한 한 가지 식품에만 있는 것이 아니라 여러 종류의 식품에 골고루 있으므로 영양적으로 균형 잡힌 식사를 하려면 다양한 식품을 골고루 섭취하여 지나치게 넘치거나 부족한 영양소가 없도록 한다. 채소, 과일, 해조류, 유가공 식품 등도 섭취하고 백미보다 현미를, 쌀밥보다 잡곡밥을 먹는다.

과일 및 채소의 1일 섭취량

보건복지부의 조사(2021)에 따르면, 만성 질환 예방관리를 위한 과일 및 채소의 권고 섭취기준인 1일 500g 이상을 섭취하는 인구 비율은 2015년 이후로 감소하는 추세에 있으며, 특히 젊은 성인의 과일 및 채소류 섭취량이 부족한 상황이다.

- 과일 및 채소 1일 500g 이상 섭취자 분율: 40.5%(2015) → 34.4%(2017) → 31.3%(2019)
- 20대의 과일 및 채소 1일 500g 이상 섭취자 분율: 16.6%(2019, 국민건강통계)

4) 적당량 먹기

가장 건강한 체중, 즉 표준 체중을 유지하기 위해서는 하루에 필요한 에너지와 영양소를 적당량 섭취하는 것이 중요하다. 자신에게 알맞은 양을 섭취하는 것은 비만과 만성 질환을 예방하는 기본적인 노력이다.

표준 체중

표준 체중이란 가장 건강한 체중으로, 통계적으로는 사망률이 가장 낮은 체중을 의미한다. 표준 체중은 다음과 같이 두 가지 방법으로 계산한다.

BMI 법

- 여자: 키(m)×키(m)×21
- 남자: 키(m)×키(m)×22

예) 키 160cm인 성인 여자의 표준 체중은 1.6×1.6×21=53.8kg이다.

브로카법

키(cm)−100×0.9

예) 키 160cm인 성인의 표준 체중은 160−100×0.9=54kg이다.

키에 따른 성인 남녀의 표준 체중

키(cm)	남(kg)	여(kg)
150	50	47
155	53	50
160	56	54
165	60	57
170	64	61
175	67	64

5) 싱겁게 먹기

소금의 과잉 섭취는 고혈압을 비롯한 순환기계 질환의 주요 요인이 된다. 『2020 한국인 영양소 섭취기준』(보건복지부, 2020)에 의하면, 19~64세 성인의 1일 '나트륨 만성 질환 위험감소 섭취량'은 2,300mg이다. 한국인의 1일 평균 나트륨 섭취량은 3,289mg(2019년 기준)으로 '만성 질환 위험감소를 위한 섭취량'에 비해 매우 높은 수준이다. 소금 섭취를 줄이려면 다음과 같은 소금절임 식품, 가공 · 인스턴트 식품의 섭취를 줄이고 외식 빈도를 줄이는 것이 좋다.

- 소금에 절인 식품: 젓갈류, 장아찌, 자반고등어, 굴비
- 훈연 · 어육 식품: 햄, 소시지, 베이컨, 훈연연어
- 소금이 많이 첨가된 스낵: 포테이토칩, 팝콘, 크래커

- 인스턴트 식품: 라면, 즉석 식품류, 통조림
- 가공 식품: 치즈, 마가린, 버터, 케첩
- 조미료: 간장, 된장, 고추장, 굴소스, 바비큐소스

6) 즐겁게 식사하기

식사는 가능한 한 여럿이 함께 하는 것이 좋다. 더욱이 가족끼리 즐겁게 하는 식사는 그 자체가 즐거움을 만들고 그로 인해 만성 질환을 예방하는 방법이 될 수 있다. 또한 가족이 모인 식탁은 '육체의 영양'만이 아니라 '마음의 영양'을 풍부하게 얻는 장이 될 수 있다. 여기서 생기는 가족간의 단단한 유대와 예의 범절은 어디에서도 얻을 수 없는 것이다.

2. 운동

외부 환경의 변화에 적절히 대응하고 질병에 걸리지 않으려면 무엇보다 체력이 뒷받침되어야 한다. 체력 증진에는 규칙적인 운동이 필수이다. 싫증이 나지 않는 운동을 택하여 주 3~5회, 1회에 30분 이상 운동하고, 목표 맥박수를 설정한 후 운동하는 중간에 맥박수를 측정하여 신체에 무리가 가지 않도록 해야 한다.

1) 운동 효과

다음과 같은 운동 효과는 4~6주부터 나타나서, 운동을 중단한 후 2주가 경과하면 사라진다.

- 산소 운반 능력을 증가시킨다.
- 심리적 긴장감과 불안감을 감소시킨다.
- HDL 콜레스테롤 증가, 중성지방 저하, 혈압 강하 등으로 성인병을 예방한다.
- 근력 강화, 관절 유연성으로 요통을 예방한다.
- 체지방이 감소한다.

2) 운동 종류

- 무산소성 운동: 역도
- 유산소성 운동: 조깅, 수영, 빠르게 걷기, 자전거 타기

3) 운동 방법

운동은 등에 땀이 촉촉히 배어 나올 정도로 하거나 힘들게 느껴지는 정도로 하는 것이 적당하다. 또는 숨쉬기가 약간 곤란하나 알아듣게 말할 수 있는 정도로 하는 것이 좋다.

- 유산소성 운동을 한다.
- 운동 강도를 규칙적이고 지속적으로 서서히 높인다.
- 운동 강도는 최대 산소 섭취량의 40~80% 범위 내에서 결정한다. 건강한 사람은 60~80%, 체력이 약한 사람은 40~60%가 적당하다.

적절한 운동 강도 계산법

운동 강도×(220－연령－안정 시 맥박수)＋안정 시 맥박수

예) 30세 성인의 운동 강도 50%, 안정 시 맥박수 70회

$$0.5\times(220-30-70)+70=130$$

즉, 1분당 맥박수가 130회여야 한다.

4) 운동 시간

식사 30분 후에는 걷기를, 1시간 후에는 조깅을 해도 별 무리가 없고, 이 시간대만이 아니라 언제든 상관없다. 일반적으로 30~60분간 지속적으로 실시하고 200~300칼로리 정도의 에너지를 소비하는 것이 좋다. 운동 전후로 준비운동과 정리운동을 각각 5~10분간 실시하여 심장이나 근육, 관절을 점진적으로 풀어줌으로써 손상을 예방한다.

5) 운동 빈도

일반적인 목적으로 하는 운동은 1주에 3~5회가 좋다. 1~2회 정도의 운동은 심폐 기능의 증진을 기대할 수 없고, 반대로 6~7회 운동은 피로를 가중하고 손상을 유발할 수 있다.

3. 휴식 및 수면

사람은 인생의 1/3을 잠을 자는 데 쓰는 것으로 알려져 있다. 수면은 정신적, 신체적 피로를 푸는 가장 효과적인 휴식 방법이다. 병원을 방문하는 사람 3명 중 1명은 수면장애를 호소한다.

먼저 적당한 하루 수면량에 대한 연구를 살펴보면, 의학적 관점에서 적정 수면량에 대해 확정된 바가 없다고 한다. 그런데 하루 수면시간을 건강지표와 비

교한 연구에 의하면 7~8시간이 가장 좋은 것으로 나타났다. 즉 하루 9시간 이상 자는 사람은 평균보다 덜 건강했고, 6시간 이하의 수면을 취하는 사람은 가장 건강하지 못했다.

우리가 흔히 말하는 '시차'로 인한 수면장애는 비행기로 여러 시간대를 가로질러 여행한 후에 생기는 적응장애이다. 잠들기가 힘들거나 낮에 많이 졸리는 경우, 각성도와 업무 처리 능력이 떨어지고 소화장애가 생긴다. 이런 증상은 수면각성 주기가 흐트러져 회복될 때까지 나타나고, 통과한 시간대 수와 여행 방향(동쪽 또는 서쪽)에 따라 2일에서 많게는 14일간 지속된다.

시차가 3시간 이내이고 여행기간이 7일 이내라면, 목적지 시간대와 출발지 시간대를 절충하여 잠을 자는 것이 좋다. 여행기간이 길다면, 빨리 여행 목적지의 새로운 시간대에 맞춰 생활을 조절한다. 즉, 서쪽으로 여행할 경우에는 여행 1~2일 전부터 한두 시간 늦게 자서 그만큼 늦게 일어나고, 동쪽으로 여행하는 경우에는 여행 3~4일 전부터 시차만큼 일찍 자고 일찍 일어난다. 시차가 6시간 이상 나는 경우에는 목적지에 도착한 즉시 현지의 밤낮 주기에 맞춰 활동한다. 피곤하고 졸립더라도 낮에는 자지 않고 활발하게 활동하는 것이 좋다.

빛 치료도 수면에 도움이 된다. 서쪽으로 여행하는 경우에는 저녁시간에 밝은 빛을 쪼이고, 동쪽으로 여행하는 경우에는 아침에 밝은 빛을 쪼이는 것이 신체 리듬을 조절하는 데 유리하다. 조깅 등의 가벼운 운동도 유익하다. 만일 야간 비행의 피곤을 풀기 위해 목적지에 도착하여 수면을 취할 때는 긴 시간 동안 자지 않고 2시간 정도로 짧게 자는 것이 좋다. 잠을 청하기 위해 수면제를 사용하기도 하는데, 이는 되도록 금하고 반드시 의사와 상의하여 사용해야 한다.

커피 같은 자극제는 덜 졸리게 하고 정신을 맑게 해 주지만 중독 가능성이 있고, 특히 취침 4시간 전에는 마시지 않는 것이 좋다. 식사도 수면에 영향을 미친다. 단백질과 탄수화물이 풍부한 음식을 먹는 것이 좋고, 튀기거나 소화가 잘 안 되는 음식은 피하는 것이 좋다. 배고픈 채 잠자리에 들거나 식후 곧바로 자는 것도 좋지 않다.

4. 스트레스 해소

직장생활 스트레스는 각자 지닌 능력에 비해 일에 대한 요구가 많거나 인간관계가 원만하지 못할 때 생긴다. 이외에 업무 과중, 할 일이 없음, 불안한 환경,

교대근무, 역할 불분명, 원만하지 못한 인간관계, 개인의 성격 등으로 스트레스가 발생한다. 스트레스를 받으면 생리적으로 흥분 상태가 되어 혈압이나 맥박이 상승하고 혈액검사에서 변화가 생기기도 한다. 또한 자신감이 떨어지고 긴장이 지속되어 일의 능률도 저하되기 마련이고 이를 해결하기 위해 과음이나 약물에 관심을 갖게 되기도 한다.

스트레스를 원만하게 해소하지 못하면 여러 정신 · 신체장애가 생긴다. 가령 피로감, 불면증, 두통, 현기증, 과민성 대장증후군, 고혈압, 천식, 소화성 궤양, 당뇨병, 관상동맥 질환 등이 발생하거나 악화되기도 한다. 따라서 다음에 제안한 방법을 활용하여 스트레스를 극복하려는 노력을 기울이도록 한다.

예이츠(Yates)의 스트레스를 극복하는 방법

- 신체 건강을 유지한다.
- 자신의 장점이나 약점, 성공이나 실패를 경험할 때 자신을 그대로 받아들인다.
- 무엇이든지 터놓고 얘기할 수 있는 친구들을 가까이 한다.
- 직장이나 스트레스의 근원을 다룰 만한 긍정적이고 건설적인 행동을 취한다.
- 함께 일하는 사람들과 다른 사회생활을 유지하도록 한다.
- 직장 밖에서 창조적 활동에 참여한다.
- 의미 있는 일에 참여한다.

5. 금연

담배(Tobacco Products) 또는 연초(煙草)는 마약성 기호품의 하나로, 북아메리카 원산의 가짓과 식물인 담배풀과 이를 가공하고 특수처리하여 만든 제품을 아우른다. 다만 기호품으로서의 '담배'는 원료인 식물을 배제하고 가공된 것만을 이른다. 우리나라의 담배사업법에는 "담배란 연초의 잎을 원료의 전부 또는 일부로 하여 피우거나, 빨거나, 증기로 흡입하거나, 씹거나, 냄새 맡기에 적합한 상태로 제조한 것을 말한다."라고 명시되어 있다.

담배라는 명칭의 어원은 명확하지 않으나, 남아메리카 카리브 제도의 아라와크(Arawak) 족이 부르던 이름을 신항로 개척 시기에 콩키스타도르들이 그대로 가져왔다는 설이 유력하다. 이후 유럽 이베리아 일대 주민들도 담배 파이프를 가리켜 '타바코(Tabaco)'라고 했으며, 이 가운데 포르투갈과 교역하던 센고쿠 시대 일본이 이를 수입했다. 그 후 담배는 임진왜란을 전후하여 한반도에 상륙하면서 '담바고(談婆姑)'로 음역되었다. 이후 선비들 사이에서는 '남초(南草)'나 '남령초(南靈草)'로, 민중에게는 '담파고', '담박괴', '담바구', '담바' 등으로 불리다가 '담배'라는 명칭이 표준어로 확립되었다.

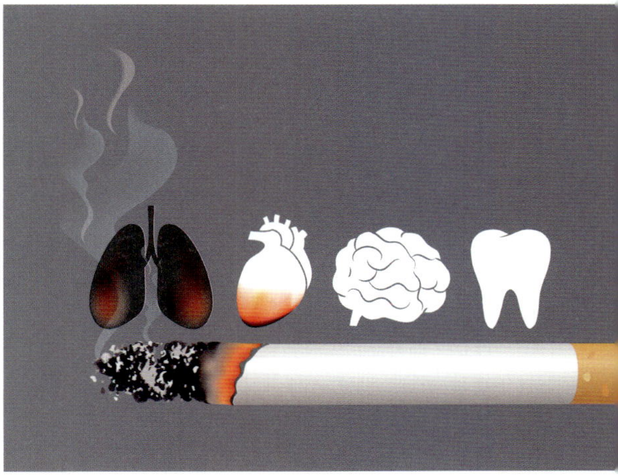

금연 운동을 할 때 비유적으로 하는 말이 아니라 담배는 실제로 세계보건기구에서 지정한 '마약'이다. 법적으로는 기호식품의 일종으로 취급되지만, 의학 및 기타 학술적으로도 엄연히 마약류로 분류된다. 단지 대부분의 마약이 원천적으로 불법이나 대마초는 사용을 합법화한 나라와 불법화한 나라가 나뉘지만, 담배는 불법으로 지정한 국가가 거의 없다는 점에서 차이가 있을 뿐이다.

이와 같이 마약임이 분명한 담배가 합법적으로 통용되는 가장 큰 이유는 전통적인 기호품으로서 수백 년 동안 관련 산업이 조성되었고 이미 인류의 일상생활에 깊숙이 뿌리내렸기 때문이다. 오래전부터 양지화된 산업을 근절하는 것은 부작용이 크고, 현실적으로도 불가능에 가까우며, 담배에 물리는 세금도 국가 재원에서 적지 않은 몫을 차지하기 때문이다. 따라서 대부분의 국가가 할 수 있는 조치는 '금지하지는 않되, 높은 세금을 물리며, 권장하지 않고 금연을 지원한다'는 기조를 유지하는 것인데, 우리나라도 이에 해당한다.

담배의 해로움은 익히 잘 알려졌으며, 담배에서 뿜어져 나오는 연기에는 4000여 종의 독성 화학물질과 40여 종의 발암물질이 들어 있다. 그중 니코틴, 타르, 담배가 타면서 나는 일산화탄소 등이 뒤섞여 폐, 위장, 신장, 후두, 구강 등 각종 부위를 손상시킨다. 니코틴은 습관성 중독을 일으키는 물질로 신경을 흥분시키며 콜레스테롤을 증가시켜 관상동맥 질환에 기여하고, 담배 맛을 좌우하는 타르에는 발암물질이 있어 각종 장기에 해롭다.

금연의 성공은 본인의 의지에 달려 있다. 금연하는 방법에는 감연법(서서히 흡연량을 줄여 가면서 끊는 법)과 단연법(한번에 끊는 법), 니코틴 껌이나 니코틴 패치를 사용하는 약물요법이 있으며 후자는 의사의 지도를 받아야 한다.

효과적인 금연 방법

- 금연일을 정한다. 금연일은 금연을 마음먹은 후 2~3주 내로 잡고, 의미 있는 날(새해 아침, 결혼 기념일, 자녀 생일 등)로 정하면 효과적이다.
- 담배를 끊기로 했다고 주위 직장 동료, 가족, 친구들에게 알리고 도움을 청한다.
- 당장 금연을 시작한다.
- 담배, 라이터, 재떨이를 치우고 금연에 돌입한다. 가장 중요한 첫 1~2주에는 술자리, 당구장 등 평소 담배를 피우던 곳을 의식적으로 피한다.
- 금연을 유지한다. 담배를 피우고 싶어지면 크게 심호흡을 하고 찬물을 한 컵 마신다. 양치질을 하든가 잠깐 산책을 하는 것도 좋은 방법이다.
- 왜 담배를 끊으려 했는지 그 이유들을 상기한다. 일상적인 일을 바꾸어 보거나, 음주량을 줄이고, 담배를 피우지 않는 동료들과 어울리고, 적절한 운동을 한다.
- 혹시 한두 대 피웠더라도 계속 금연 상태임을 자신에게 다짐시킨다. 그리고 왜 그때 담배를 피우게 되었는지 반성한다. 금연에 성공한 많은 사람들이 수차례 거듭한 실패 뒤에 성공했음을 잊어서는 안 된다.
- 주치의의 도움을 받는다. 주치의는 금연 실패의 원인을 분석해 줄 수 있다. 니코틴 보조요법 등을 처방해 줄 수도 있다.

6. 절주

술은 인간이 만든 멋진 발명품 중 하나라고 말하는 사람이 있는가 하면, 그 해악성 때문에 금주를 지키는 종교인도 있고, 아예 금주법을 시행하는 나라도 있다. 술에 들어 있는 알코올은 에틸알코올(Ethylalcohol)로 영양소는 없고 열량만 있는 공칼로리(Empty Calorie)이다. 알코올은 위와 소장에 흡수된 후 간에서 자극성이 강한 아세트알데하이드(Acetaldehyde)로 분해되고 일련의 대사과정을 거치며 알코올 1g당 7칼로리의 열량을 낸다. 체내에 흡수된 알코올의 90%는 간에서 대사되지만 나머지는 신장, 폐 등을 통해 호흡으로 배출된다.

알코올은 시간당 약 7g 정도가 대사되는데, 대부분의 술잔에 15g 정도의 알코올이 들어가므로 종류를 불문하고 술은 3잔을 넘기지 않는 것이 바람직하다. 그런데 적당히 마신다는 것은 얼마만큼 마시는 것을 말할까? 하루에 맥주는 1~2잔(300~600cc), 위스키는 1~2잔(30~60cc), 포도주는 큰 잔으로 한두 잔이

다. 소주는 작은 소주잔으로 2~3잔 정도이다. 한두 잔이 여러 병으로 이어지는 현실을 고려할 때 여기에서 제시하는 양을 '최대한' 마시는 양으로 할 때만이 적당한 음주가 됨을 잊지 말자. 술은 늘 우리 가까이에 있으므로 그 작용을 지혜롭게 이용하는 것이 절실하겠다.

혈중 농도에 따른 신체 변화

혈중 농도	신체 변화
0.03%	감정의 변화
0.05%	판단력, 색채 감별력, 자제력의 약화
0.1%	흥분, 팔다리 움직임과 발음 장애
0.2%	몸의 균형 유지 장애, 전 운동 영역의 현저한 장애
0.4~0.5%	마취, 혼수상태, 호흡장애
0.6%	호흡 및 심장 기능의 심한 장애, 사망

7. 체중 관리

전 국민의 생활수준이 향상되면서 식생활의 서구화 경향과 생활양식의 편리함 추구, 활동 부족 등으로 체중이 불어나 건강을 염려하는 사람이 늘고 있으며, 성인의 건강에서 과체중 또는 비만은 큰 관심사가 되고 있다. 과체중 또는 비만은 성인병의 중요한 유발 요인으로 심장병, 당뇨병, 고혈압 등과 관계가 깊으며, 허리나 무릎에 체중의 하중이 쏠려 요통도 야기하고 불안감이나 우울증도 동반할 수 있다. 따라서 적절한 체중을 유지하는 일은 공중 근무를 통해 대고객 서비스를 담당하는 객실 승무원들에게 필수적이라 하겠다.

비만이란 체내 지방이 과다하여 건강에 위험이 되는 상태를 말한다. 비만을 측정하는 방법은 여러 가지가 있지만, 쉽게 사용하는 방법은 이상 체중을 이용한 방법, 체질량 지수를 이용한 방법, 요부와 둔부비를 이용한 방법이다.

비만 측정법

이상 체중 이용법

- 가장 간단한 방법으로 (키−100)×0.9를 하여 이상 체중을 구한다.
- 이 값의 10% 이내이면 정상이고, 10~20%이면 과체중, 20% 이상이면 비만이다.

체질량 지수 이용법

- 체중을 신장의 제곱으로 나눈 값이다.
- 일반적으로 23 정도가 정상이고, 25(혹은 26)~28.9이면 과체중, 29 이상이면 비만이다. 계산하기가 쉽지 않지만 오히려 더 의미 있는 계산법이다.

요부와 둔부비 이용법

줄자로 허리둘레(보통 배꼽을 지나가는 부분)와 엉덩이둘레를 잰 후 허리둘레/엉덩이둘레로 나누어 0.9 이상일 때 비만이라고 한다. 아주 간단한 방법이지만, 가장 의미 있는 측정법일 수 있다. 왜냐하면 실제로 우리 몸에 해로운 비만, 즉 고지혈증, 고혈압, 관상동맥 질환 등의 심질환, 당뇨 등의 여러 합병증이 중심성 비만, 상반신 비만, 남성형 비만 등으로 불리는 사람들에게 많기 때문이다.

체중을 유지하는 방법에는 식이요법, 운동요법, 해동요법, 약물요법, 수술요법 등이 있다. 먼저 자신의 정확한 체중과 감량하고자 하는 목표 체중을 분명하게 설정하고 언제까지 목표 체중에 도달할 것인지 정하는 일이 중요하다. 체중 감량 속도는 1주일에 0.5kg, 한 달에 2.0kg을 넘지 않는 것이 바람직하다.

과체중의 원인은 다양하지만, 기본적으로는 섭취한 칼로리가 많을 때 여분의 칼로리가 지방질로 변하여 체내에 축적되기 때문이라는 것은 널리 알려진

사실이다. 여기에 심리적 요소나 사회문화적 요소도 밀접한 관계가 있다. 보통 성인의 1일 칼로리 요구량은 남자의 경우 2,400~3,000칼로리, 여자의 경우 1,600~2,200칼로리이다.

체중 변화는 에너지 섭취량과 에너지 소비량의 차이에 의해 일어난다. 따라서 체중 감량은 먹는 양을 줄이든가 아니면 소비하는 양을 늘려야 가능하다. 그렇다고 공식처럼 정확히 양을 가감해서 되는 것은 아니다. 왜냐하면 감량식을 하면 처음 며칠간은 눈에 띄게 체중이 감소하나 차츰 체중의 변화가 없게 되는데, 이는 몸속의 수분이 다시 보충되어 체중 변화가 없는 것처럼 느껴지기 때문이다. 실제 이 기간에 몸속의 지방 조직은 많은 양의 지방을 잃게 되므로, 감량을 꾸준히 계속하면 실질적인 체중 감소를 경험할 수 있다. 한꺼번에 많은 체중을 줄이기 위해 급격하게 칼로리를 줄이면 실질적인 압박 및 부작용이 더 클 수 있으므로, 무리한 양보다 실천할 수 있는 양을 계획하는 것이 좋다.

구체적인 방법으로는 완전단식, 초저칼로리 식이요법(600칼로리 이하), 저칼로리 식이요법(800~1,200칼로리), 절식 등으로 나눌 수 있다. 그중 완전단식 및 초저칼로리 식이요법은 몸에 큰 무리가 되는데, 예를 들면 근육질 감소, 성장 감소, 심장 변화, 탈수와 이로 인해 생명까지도 위험할 수 있는 심한 전해질 불균형, 무기력, 어지러움, 빈혈, 변비, 구강 악취, 월경 불순, 탈모 등을 유발하고 골다공증의 한 요인이 되기도 한다.

보통 사람은 하루 동안 안정 시 표준 체중당 20~30칼로리, 가벼운 운동 시 30~35칼로리, 중등 정도의 활동 시 35~45칼로리, 심한 활동 시 40~50칼로리가 필요하다. 따라서 신장이 170cm인 30대가 사무직에 근무한다면 표준 체중은 63kg이고, 여기에 33칼로리를 곱한 2,100칼로리가 적당한 1일 섭취량이 된다. 이보다 더 적게 먹으면 체중이 감소하고, 이보다 더 많이 먹으면 체중이 증가하게 된다.

여기서 대단히 중요한 변수는 대사율이다. 대사율이 높은 사람은 많이 먹어도 열량 소비가 잘되고 낮은 사람은 적게 먹어도 체중 감소가 쉽지 않다. 앞에서 언급한 단식 및 저칼로리 식이요법은 여러 부작용뿐 아니라 대사율을 떨어뜨려 효과적인 살빼기에 방해가 된다. 이 대사율을 높이는 것이 운동이다.

결론은 균형 잡힌 절식과 알맞은 운동이다. 더 중요한 것은 꾸준히 실천할 수 있는 마음의 여유이다.

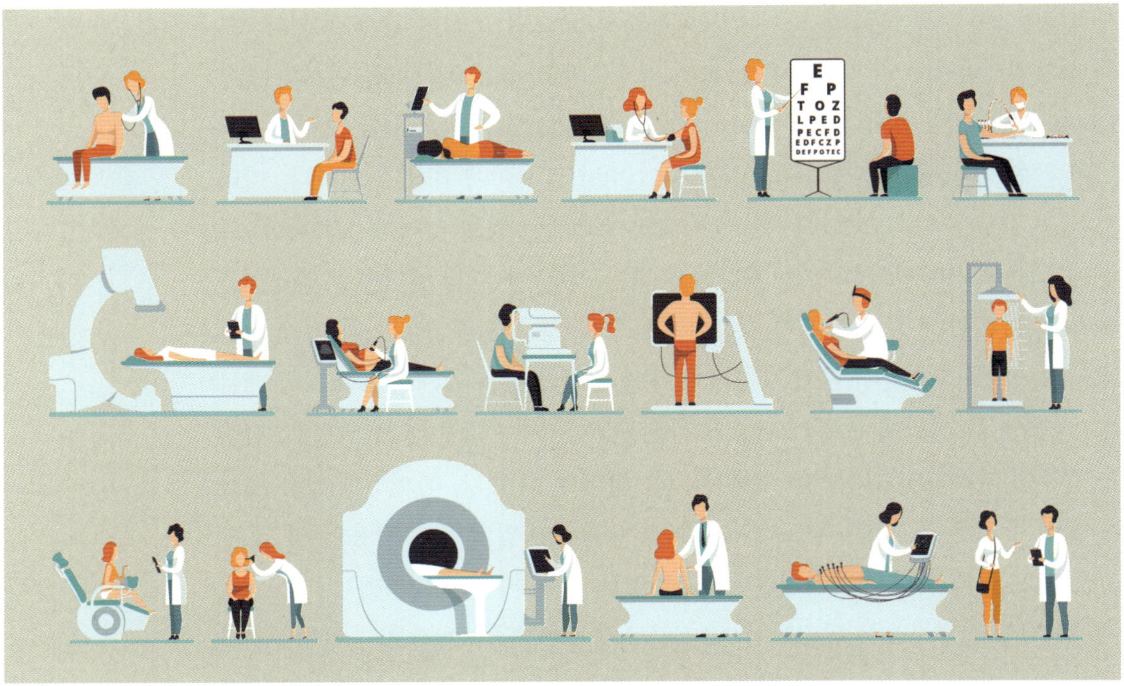

8. 정기 신체검사

신체에 이상 증상을 느끼면 병원을 찾아 검진을 받지만, 대다수 질병은 상당히 진전되기 전까지 증상이 없다. 신체검사는 질병이나 증상이 나타나기 전 혹은 증상이 악화되기 전에 조기에 발견하여 조기치료가 가능하고 증상이 악화되지 않도록 하여 개인의 건강을 보호하고 다른 사람에게 미치는 영향을 최소화하므로 정기적으로 받는 것이 좋다.

객실 승무원도 회사에서 정기적으로 신체검사를 받으나, 스스로 건강을 위해 꾸준히 운동하고, 올바른 생활습관과 균형 잡힌 식습관을 지니도록 노력해야 한다.

02

요통 예방
Prevention of Backache

요통은 허리 주위에 나타나는 통증으로, 활동기 성인의 80% 이상에서 일생에 한 번은 경험하게 되고, 60% 이상에서 재발을 경험하며, 일정 시점에서 볼 때 전 인구의 20~30%가 요통으로 고생한다.

객실이라는 제한된 공간에서 무거운 물건을 들거나 허리를 많이 사용하여 서비스해야 하는 객실 승무원에게 요통은 삶의 질을 저하시키는 질병 중 하나이다. 그러므로 객실 승무원은 요통에 대한 이해와 예방법을 숙지하여 요통 예방에 힘써야 한다.

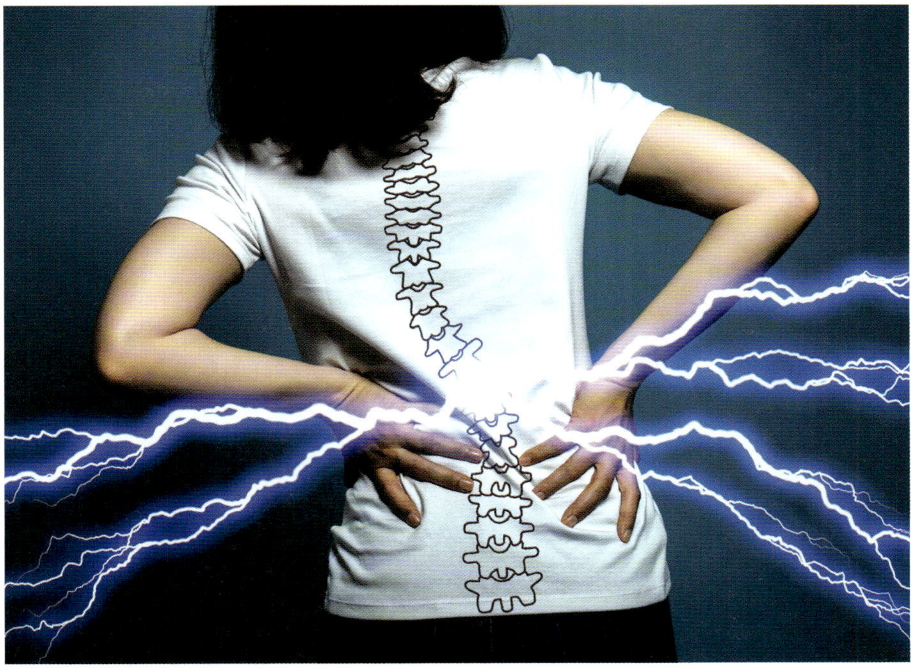

1. 척추 구조

척주는 우리 몸의 중심으로 인체의 지주 역할을 하여 집에 비유하면 대들보에 해당한다. 척추는 7개 경추(Cervical Spine), 12개 흉추(Thoracic Spine), 5개 요추(Lumbar Spine), 5개 천추(Sacrum), 4개 미추(Coccyx) 등 33개 뼈로 구성된다.

경추부는 전만(앞으로 굽어짐), 흉추는 후만(뒤로 굽어짐), 요추는 다시 전만을 이루면서 신체를 지지하고 평형을 유지한다. 이중 흉요추 이행부위부터 요추 그리고 요천추 이행부위까지는 다른 척추 관절보다 운동 범위가 크고 척추의 기저부로서 체중 부하를 가장 많이 받기 때문에 손상될 기회가 많고 따라서 많은 질환이 발생하게 된다.

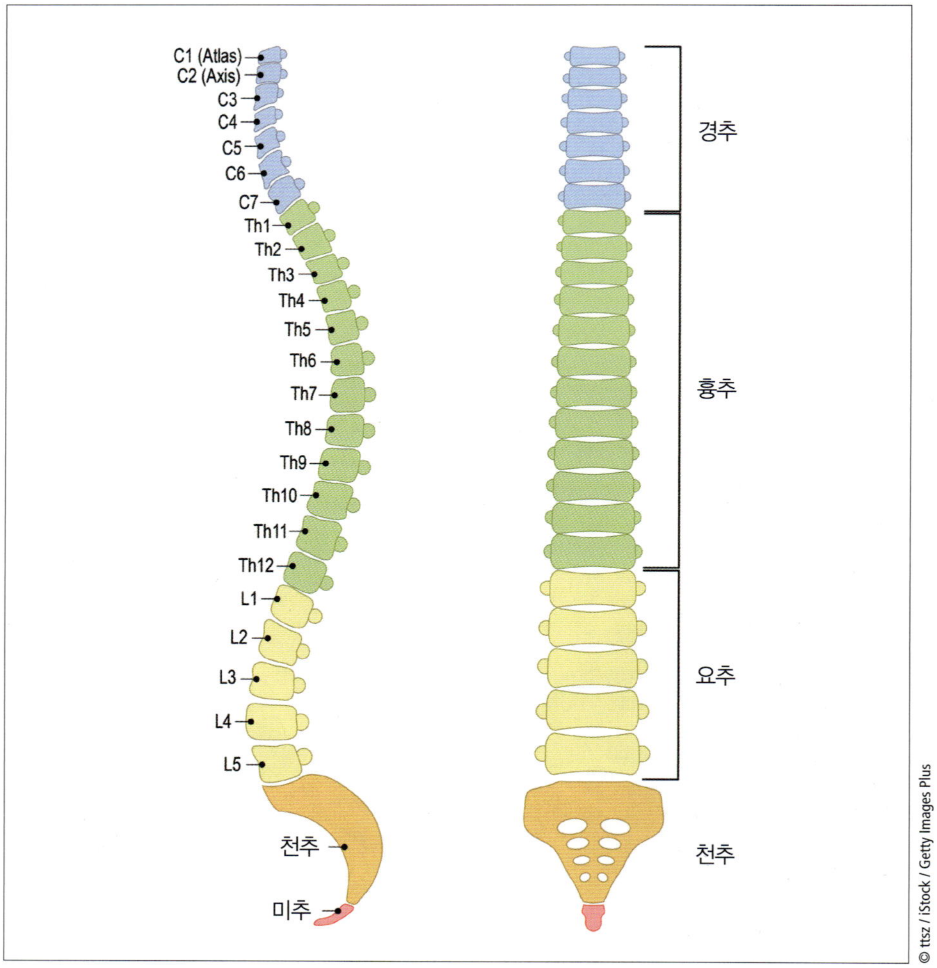

척추의 해부학적 구조

각 척추뼈 사이에는 추간판이 있는데, 추간판은 척추의 운동을 원활히 해 주며 압력을 받을 경우 충격을 분산시키고 흡수시키는 완충작용을 한다. 추간판의 중심부에는 수핵이 있고 그 바깥에는 섬유륜이 위치하여 수핵을 감싸고 있다. 수핵은 수분이 많은 결체조직이나 성인이 되면서 수분 함량이 감소하여 탄성을 잃는다. 큰 힘을 받으면 섬유륜이 찢어지면서 수핵의 탈출을 가져와 신경을 압박하게 되므로, 허리통증 및 다리 뒷부분이 저리는 증상이 생긴다. 이런 현상을 추간판 탈출증이라 하는데, 보통 '디스크'라는 이름으로 널리 불린다.

허리의 운동은 제5 요추와 제1 천추 사이에서 가장 많이 이루어지며 그다음은 제4~5 요추 사이이다. 추간판에 가해지는 압력은 자세에 따라 매우 달라서 누운 자세에서는 서 있는 자세에 비해 1/4 정도의 압력만 추간판에 가해진다.

2. 요통 원인

- 근육성 원인: 염좌
- 추골인성 원인: 퇴행성 관절염, 요추관 협착증, 척추 분리증, 척추 전방 전위증, 골다공증, 염증, 종양, 외상, 척추 측만증
- 추간판인성 원인: 추간판 탈출증
- 연관통(Referred Pain): 내부 장기성 원인, 맥관성 원인
- 심인성 원인: 신경증, 보상을 위한 의증

요통의 원인은 이렇게 다양하나 요통을 호소하는 모든 환자에게서 뚜렷한 원인을 다 밝힐 수 있는 것은 아니다. 그러나 요통을 일으키는 위험인자로 어느 정도 요통을 설명할 수 있으므로 이를 이해하고 실천하는 것이 요통 예방에 필요하다 하겠다.

첫째 위험인자로 연령을 들 수 있는데, 요통은 청년기에 시작하여 30, 40대까지 증가한다. 척추는 보통 10대 후반에서 20대 초반에 퇴행성 변화가 시작되며 이 현상이 진행되면서 요통이 발생한다. 둘째, 신체 발달이 나쁜 사람은 좋은 사람보다 요통 발생률이 10배나 더 높다. 키가 큰 사람, 비만, 근력이 약한 사람, 흡연자에게서 요통이 많다. 셋째, 요통의 과거력이 있는 사람에게서 요통 재발이 높다(직업성 요통 환자의 85%에서).

마지막 위험인자를 보면, 트럭운전, 무거운 물건 운반, 간호사 등에서 요통이 많고, 장시간 일정 자세 유지, 진동이 많은 곳, 단순 반복 작업장, 직업에 만족하지 못하는 경우에도 요통이 많이 발생하므로 건전한 대인관계와 긍정적 사고를 유지하는 것이 바람직하다.

3. 요통 치료

요통은 대부분 특별히 치료하지 않아도 자연적으로 좋아진다. 또 습관적으로 올바른 자세로 생활하면 요통이 호전되는 경우가 많다. 따라서 허리 통증이 심하지 않다면 바른 자세로 지내면서 통증이 호전되는지를 관찰한다. 습관적으로 적절한 자세를 취하면 요통이 호전되는 경우가 많으니 바른 자세는 도움이 된다. 허리를 구부린 상태에서 오래 있거나 강한 힘을 요구하는 자세는 피하는 것이 좋다. 통증이 심하다면 운동 치료, 약물 치료, 주사 치료, 물리 치료 등 다양한 방법으로 요통을 치료할 수 있다.

1) 운동 치료

요추는 뼈, 후관절, 추간판 등에 의한 구조적 안정성도 중요하지만, 주위 근육과 인대로 인한 동적인 안정성도 매우 중요하다. 특히 척추 주위의 다열근 및 복근은 허리의 안정성에 결정적으로 중요한 역할을 한다. 요추 안정화 운동 또는 코어 운동은 이들 요추 주변 근육 및 연관된 하체의 근력과 운동 조절 능력을 향상시켜 요통과 재발을 줄일 수 있다. 또한 유산소 운동 역시 요통을 완화시킨다는 연구 결과가 있으며, 평지에서의 운동이 힘들 때에는 물속에서 운동하는 것이 좋다.

2) 물리 치료

얼음을 이용한 냉치료, 핫팩이나 초음파 등을 이용한 열치료, 간섭파 치료나 경피적 전기자극 치료 같은 전기치료를 필요에 따라 시도할 수 있다. 이 밖에도 요추를 당겨 추간판 등에 가해지는 하중을 줄이는 견인 치료, 손을 이용하여 여러 가지 방법으로 허리를 이완시켜 스트레스를 줄이는 마사지 등이 있다.

3) 요추 보조기

요추 지지대 등을 사용하여 허리의 과도한 움직임을 제한하여 통증을 줄이는 방법이다. 급성기에는 효과가 좋으나 오랫동안 사용하면 근력 약화나 근육 위축이 올 수도 있으므로 주의가 필요하다. 보조기가 요통에 도움이 되어 보조기를 사용할 경우에는 운동하여 허리 주변 근육을 강화하는데, 이때 강화된 허리 주변 근육들이 보조기 역할을 함으로써 요통 호전에 도움이 될 수 있다.

4) 약물 치료

비스테로이드성 진통 소염제가 요통 완화에 효과가 있다. 통증이 요추 부위의 근 긴장으로 발생한다는 가설에 의해 근이완제가 효과가 있는 것이다. 이외에도 항우울제, 아편양진통제, 항경련제 등도 효과가 있으며, 약마취성 약물 패치나 크림 등 붙이거나 바르는 약이 있다. 약물별 작용 기전과 부작용 등에 대해서는 요통 치료 효과를 높이는 약물 치료에서 자세히 다루기로 한다.

5) 주사 치료

진단에 따라 주사 치료를 적절히 시행하면 요통 완화에 도움이 된다. 주사 치료에는 경막 외 주사 요법, 내측 분지 차단술, 후관절 주사법, 고주파 열치료술 등이 있는데, 이들 주사 요법은 적응증이 각각 다르므로 진단에 따라 적절히 시행하면 요통을 효과적으로 줄일 수 있다.

6) 수술 치료

모든 치료를 시행해도 요통이 호전되지 않거나 검사상 구조적으로 심한 이상 소견이 있을 때에는 척수, 척추 수술을 통해 통증을 해결한다.

4. 요통을 예방하는 바른 자세

모든 질병이 그렇듯이 예방이 중요하므로 평소에 바른 자세를 하고 적절한 운동을 규칙적으로 하는 것이 바람직하다.

누워 있을 때 자세

앉아 있을 때 자세

서 있을 때 자세

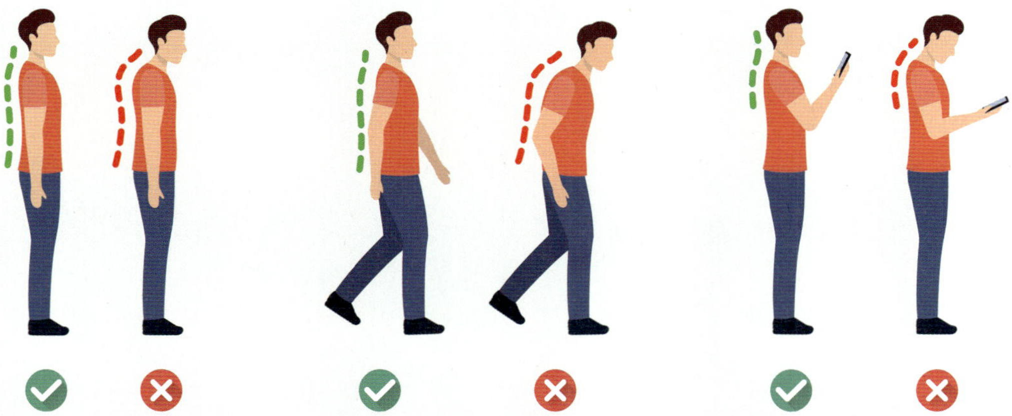

물건을 들어올릴 때 자세

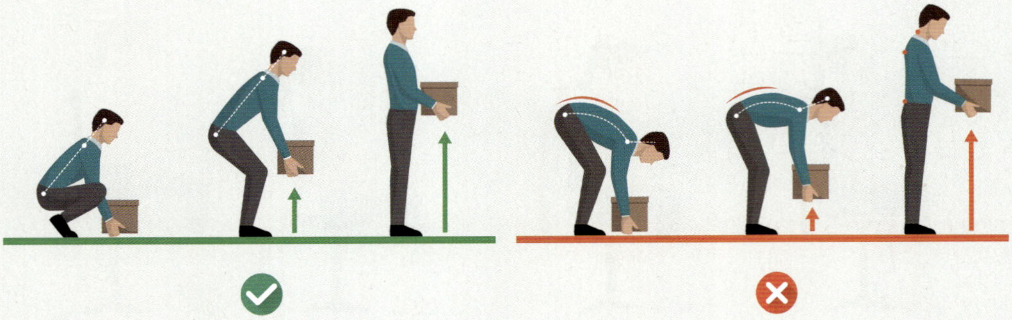

Meal Cart를 이용할 때 자세

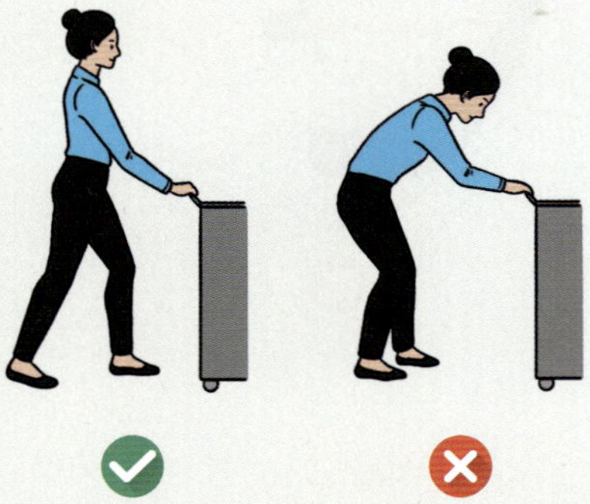

- 허리와 등을 적당히 굽힌다.
- 발 끝에 중심을 두고 체중을 이용하여 천천히 당겨서 Cart를 뺀다.
- 무릎을 편 상태로 상체의 힘만 이용하는 것은 좋지 않다.
- 방향 전환 시 Cart의 한쪽을 밀면서 회전한다.

기침, 재채기를 할 때 자세

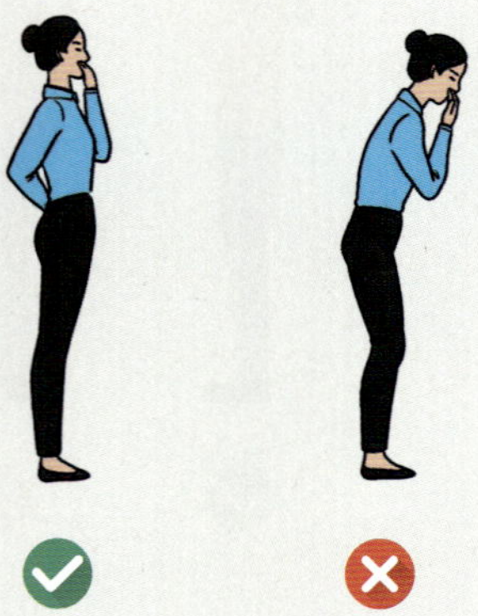

- 한 손으로 등을 받쳐서, 급작스럽게 허리를 숙일 때 생기는 손상을 예방한다.

03

객실 승무원을 위한 스트레칭 요통 체조

Stretching to Prevent Backache for Cabin Crew

요통은 특수한 근무 환경에서 일하는 객실 승무원에게 빈번하게 발생하는 질병 중 하나이다. 객실 승무원은 제한된 공간 속에서, 제한된 시간 내에 최상의 객실 서비스를 수행하면서 허리에 피로가 누적되고 갑작스러운 기체요동(Turbulence)을 겪으며 허리가 손상되어 허리 통증을 경험할 수 있다. 이러한 경험이 앞으로의 공중 근무에서 요통 발생에 대한 불안감을 조성할 뿐만 아니라 통증은 비행 근무에 영향을 줄 수도 있다. 그러므로 평상시 꾸준한 운동을 통해 허리 근육과 복부 근육을 강화하여 요통을 예방하고 건강한 체력을 유지하는 것이 무엇보다 중요하다.

기본 스트레칭

❇

운동 효과

• 전신의 유연성과 근력이 향상된다.

❇

운동 방법

• 각 동작을 스트레칭한 후 10초간 유지한다.

• 순서대로 모든 동작을 완료한 후 반복한다.

• 하루에 2회씩 2번 반복한다.

❇

일반 지침

• 약간 당기는 듯한 느낌이 들 때까지 천천히 스트레칭한다.

• 신체의 한쪽을 스트레칭했다면 반대 방향으로 실시한다.

• 각 동작을 할 때 심호흡을 참지 않는다.

• 반동을 주어서는 안 된다.

편평한 바닥에 누워 양손을 머리 위로, 발을 아래 방향으로 하여 쭉 뻗는다.
이때 손끝과 발끝을 곧게 뻗어 최대한 몸을 위아래로 편다.

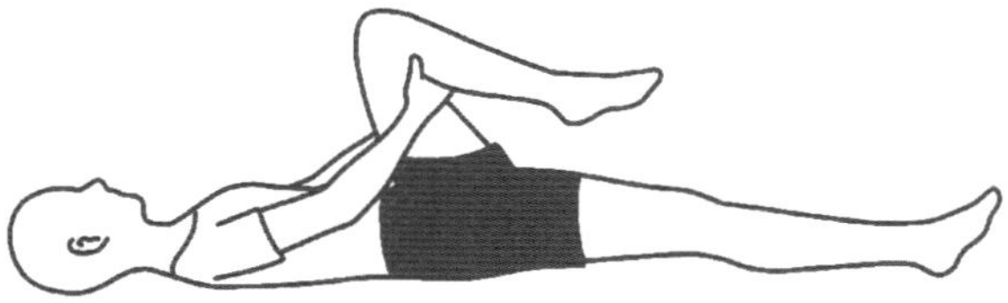

오금을 양손으로 잡고 몸통 쪽으로 당긴다.

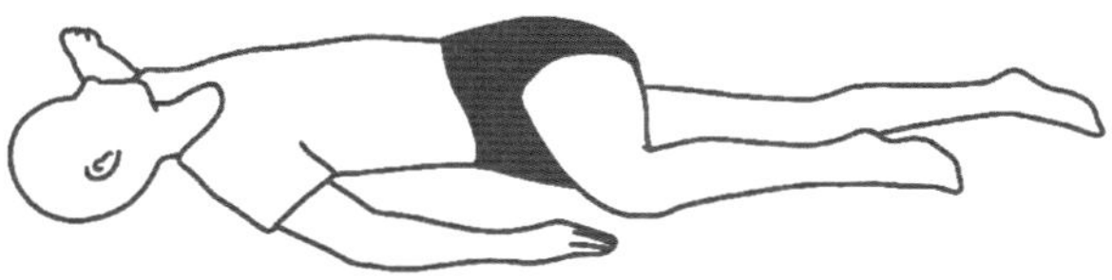

양팔을 어깨높이에서 벌려 바닥에 붙인 상태에서
왼쪽 다리를 오른쪽으로 넘기고 시선은 왼쪽 손을 향한다.

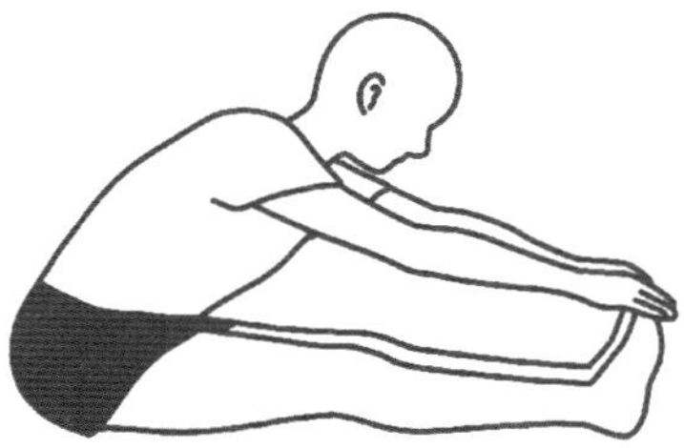

바닥에 앉은 자세에서 양다리를 곧게 펴고
양팔을 뻗어 양 발끝을 잡고 최대한 앞으로 구부린다.

어깨 스트레칭

운동 효과

- 어깨의 유연성과 근력이 향상된다.

운동 방법

- 각 동작을 스트레칭한 후 15초간 유지한다.
- 순서대로 모든 동작을 완료한 후 반복한다.
- 하루에 2회씩 2번 반복한다.

일반 지침

- 약간 당기는 듯한 느낌이 들 때까지 천천히 스트레칭한다.
- 신체의 한쪽을 스트레칭했다면 반대 방향으로 실시한다.
- 각 동작을 할 때 심호흡을 참지 않는다.
- 반동을 주어서는 안 된다.

손가락을 깍지껴 어깨높이에서
자연스럽게 앞으로 편다.

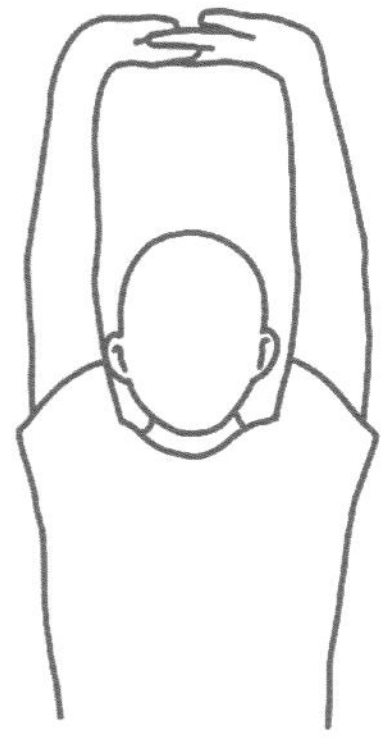

깍지낀 상태로 손을 머리 위로 올려 편다.
이때 고개를 정면으로 하여 앞을 본다.

한쪽 팔을 머리 뒤로 올려 구부린 상태에서
다른 팔로 구부린 팔꿈치를
아래 방향으로 누른다.

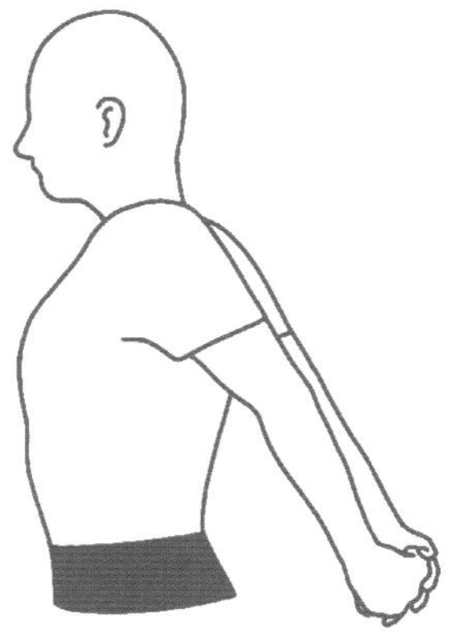

등 뒤로 손가락을 깍지껴 가슴을 쭉 펴며
팔꿈치와 손을 최대한 위로 들어 올린다.

무릎 스트레칭

❇

운동 효과

- 무릎의 유연성과 근력이 향상된다.

❇

운동 방법

- 각 동작을 스트레칭한 후 15초간 유지한다.
- 순서대로 모든 동작을 완료한 후 반복한다.
- 하루에 2회씩 2번 반복한다.

❇

일반 지침

- 약간 당기는 듯한 느낌이 들 때까지 천천히 스트레칭한다.
- 신체의 한쪽을 스트레칭했다면 반대 방향으로 실시한다.
- 각 동작을 할 때 심호흡을 참지 않는다.
- 반동을 주어서는 안 된다.

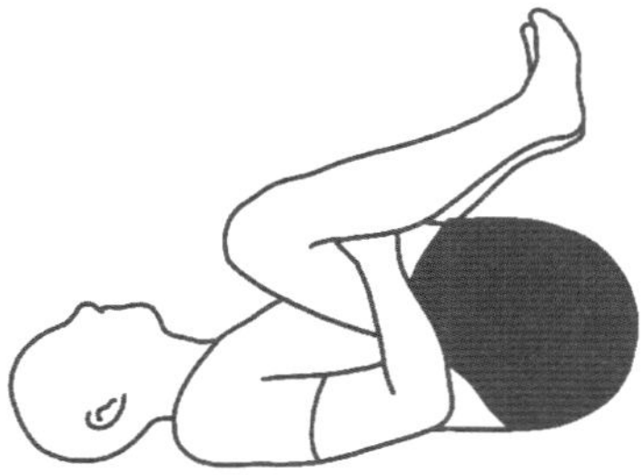

편평한 바닥에 누워 오금을 양손으로 잡고 몸통 쪽으로 당긴다.

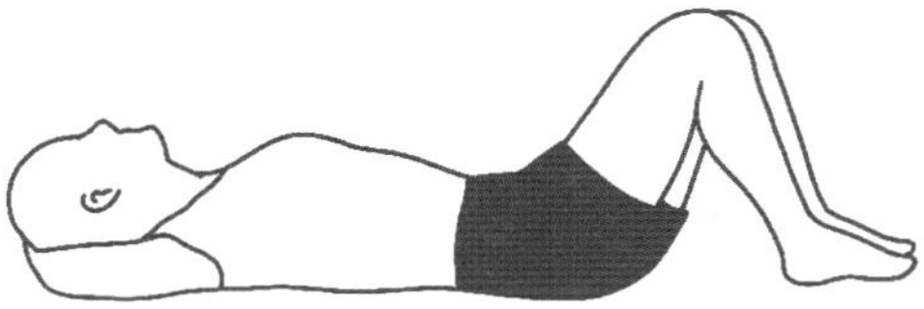

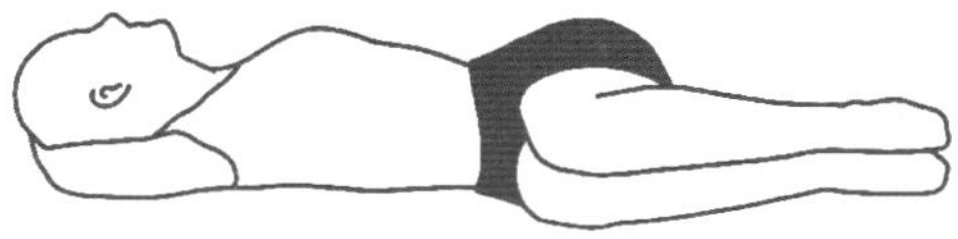

누운 자세에서 무릎을 모아 붙인 후 왼쪽과 오른쪽으로 번갈아 가며 돌린다.
이때 양 무릎이 벌어지지 않고 바닥에 닿게 한다.

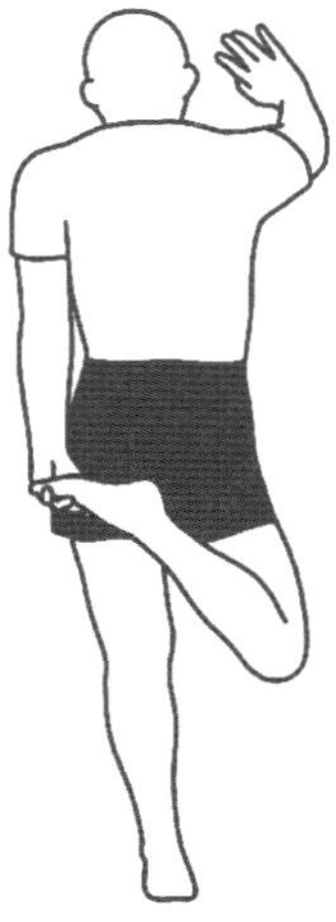

오른쪽 다리를 뒤로 접어 왼손으로 잡고
둔부 쪽으로 당긴다.

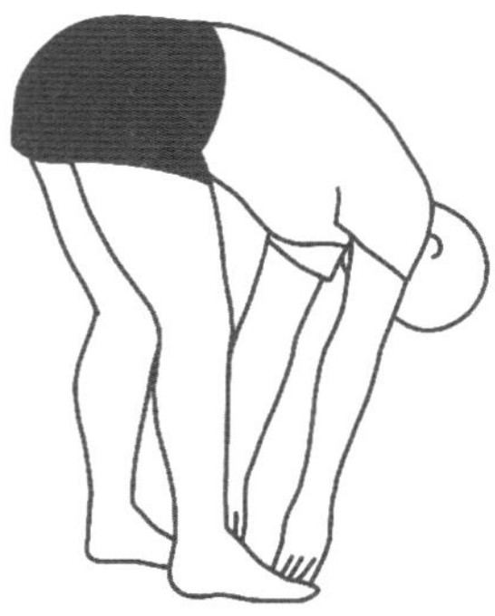

바로 선 자세에서 천천히 허리를 굽혀
손끝이 바닥에 닿게 한다. 이때 다리를 곧게 편다.

요통 체조 1

❊

운동 효과

- 허리의 유연성과 근력이 향상된다.

❊

운동 방법

- 각 동작을 스트레칭한 후 8초간 유지한다.
- 순서대로 모든 동작을 완료한 후 반복한다.
- 하루에 2회씩 2번 반복한다.

❊

일반 지침

- 약간 당기는 듯한 느낌이 들 때까지 천천히 스트레칭한다.
- 신체의 한쪽을 스트레칭했다면 반대 방향으로 실시한다.
- 각 동작을 할 때 심호흡을 참지 않는다.
- 반동을 주어서는 안 된다.

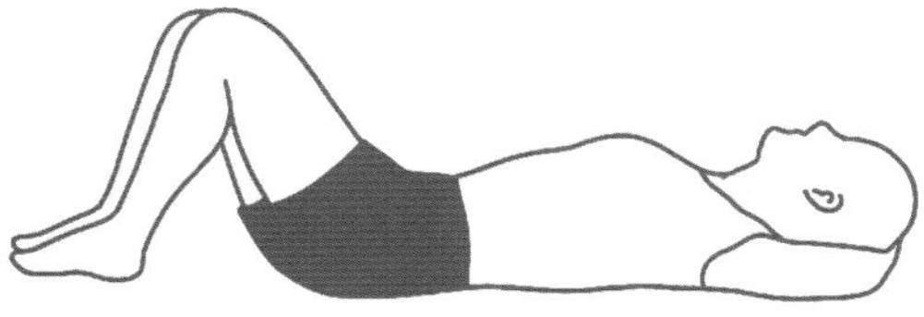

바닥에 누워 양팔로 머리를 받친 자세에서 복부에 힘을 주어 등으로 바닥을 누른다.

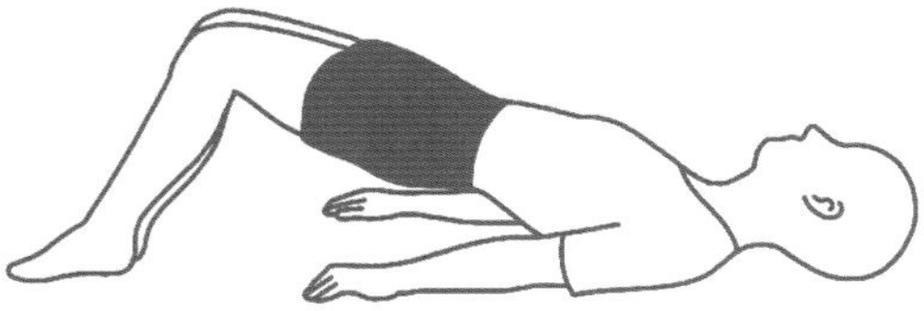

양팔을 자연스럽게 내려 바닥에 붙인 자세에서 엉덩이를 들어 올린다.
이때 배만 내밀지 않도록 주의한다.

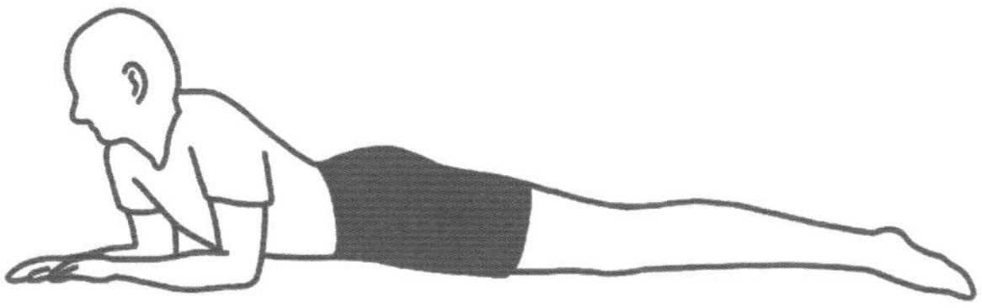

바닥에 엎드려 팔꿈치를 접어 몸을 지탱하며 머리를 들어 올린다.

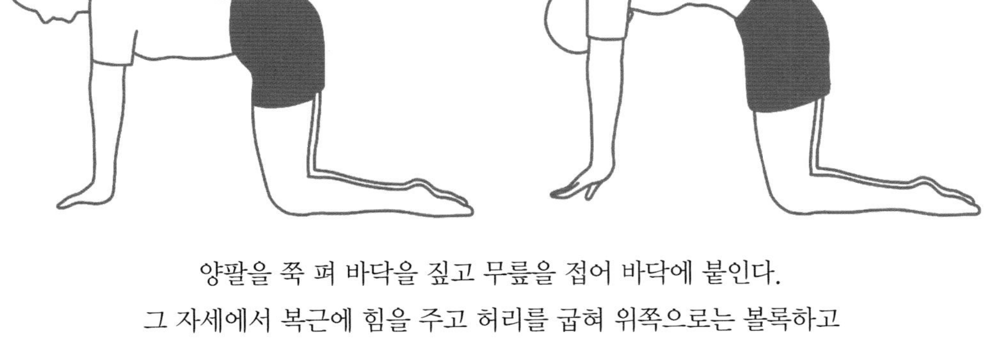

양팔을 쭉 펴 바닥을 짚고 무릎을 접어 바닥에 붙인다.
그 자세에서 복근에 힘을 주고 허리를 굽혀 위쪽으로는 볼록하고
아래쪽으로는 오목해지게 한다.

요통 체조 2

❇

운동 효과

- 무릎의 유연성과 근력이 향상된다.

❇

운동 방법

- 각 동작을 스트레칭한 후 12초간 유지한다.
- 순서대로 모든 동작을 완료한 후 반복한다.
- 하루에 2회씩 2번 반복한다.

❇

일반 지침

- 약간 당기는 듯한 느낌이 들 때까지 천천히 스트레칭한다.
- 신체의 한쪽을 스트레칭했다면 반대 방향으로 실시한다.
- 각 동작을 할 때 심호흡을 참지 않는다.
- 반동을 주어서는 안 된다.

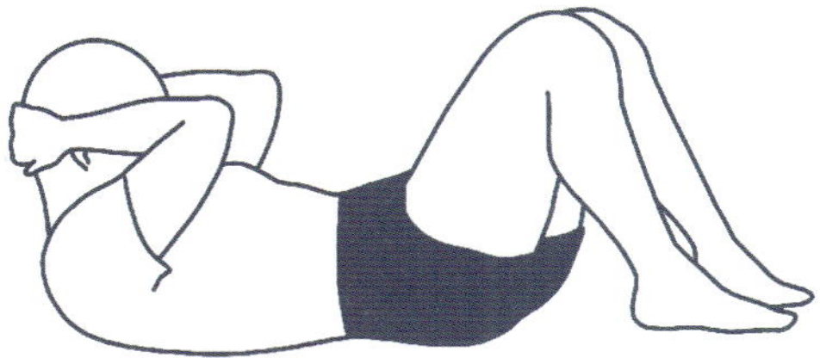

바닥에 누워 양손을 귀에 대고 윗몸을 최대한 일으킨 후 그 자세를 유지한다.

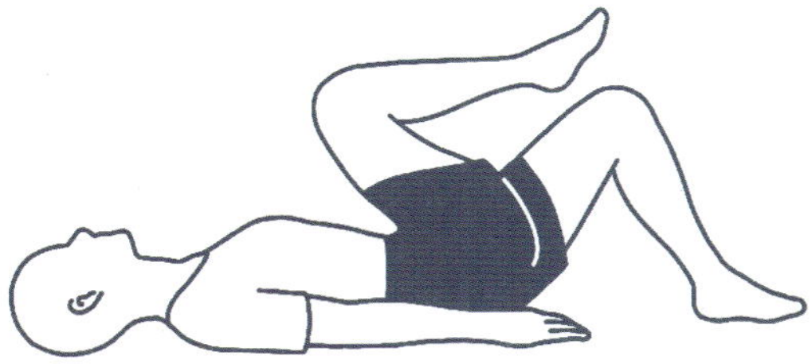

바닥에 누워 양 무릎을 세운 후 한쪽 다리를 들어 올려 몸통 쪽으로 잡아당긴다.

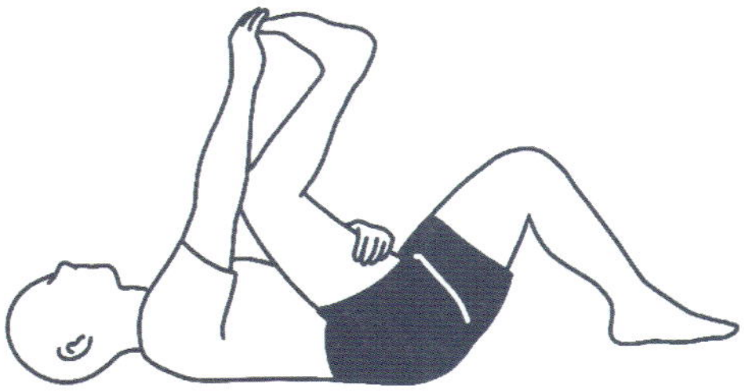

바닥에 누워 무릎을 세운 자세에서 한 발을 들어 올린 후
한 손으로 발끝을 잡고 다른 손으로 대퇴를 잡아당긴다.

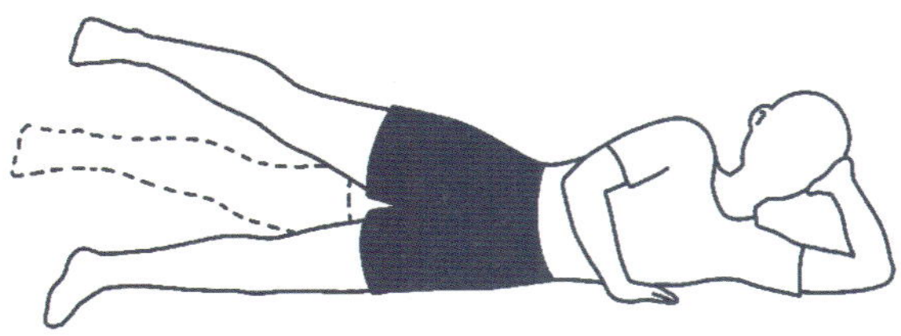

바닥에 옆으로 누워 한 손으로 바닥을 짚고 다른 손으로 머리를 받친 자세에서
다리를 들어 올린다. 이때 다리가 구부러지지 않고 정면을 향하게 한다.

요통 체조 3

❇

운동 효과

- 무릎, 허리와 팔다리, 전신의 유연성과 근력이 향상된다.

❇

운동 방법

- 각 동작을 스트레칭한 후 15초간 유지한다.
- 순서대로 모든 동작을 완료한 후 반복한다.
- 하루에 2회씩 2번 반복한다.

❇

일반 지침

- 약간 당기는 듯한 느낌이 들 때까지 천천히 스트레칭한다.
- 신체의 한쪽을 스트레칭했다면 반대 방향으로 실시한다.
- 각 동작을 할 때 심호흡을 참지 않는다.
- 반동을 주어서는 안 된다.

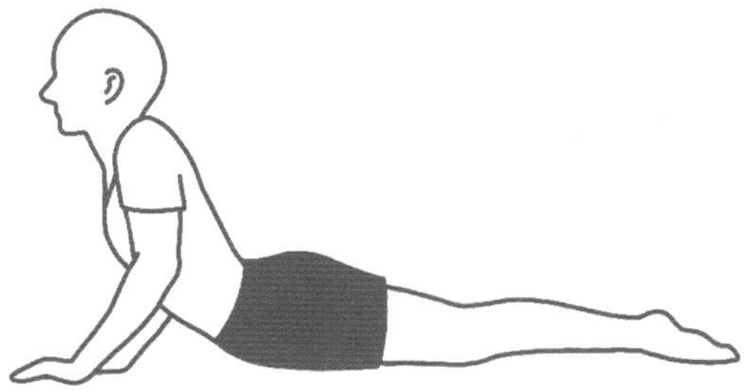

엎드린 자세에서 양팔을 접어 바닥을 짚은 후 서서히 팔꿈치를 펴며 허리를 들어 올린다.

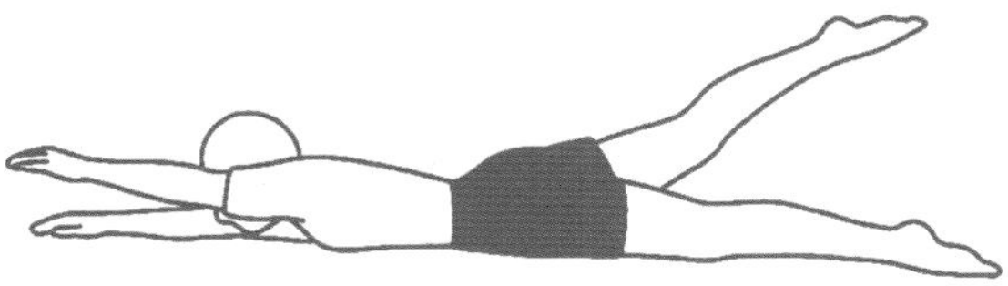

엎드린 자세에서 오른팔과 왼발을 동시에 들어 올린다. 이때 양팔과 양다리를 쭉 편다.

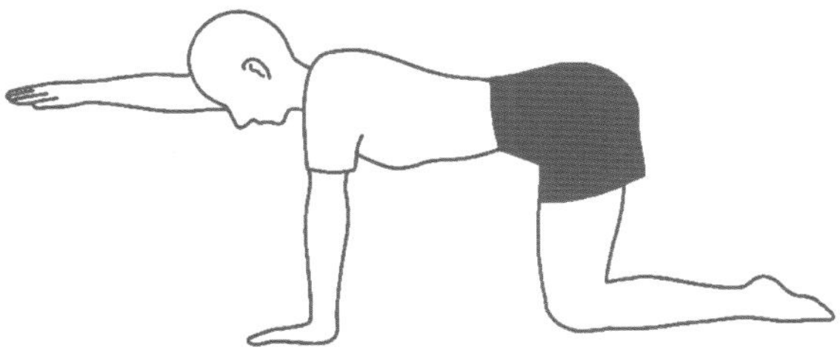

양팔과 무릎을 접어 바닥에 붙인 자세에서
한쪽 팔을 곧게 앞으로 뻗어 팔과 목, 등이 수평을 이루게 한다.

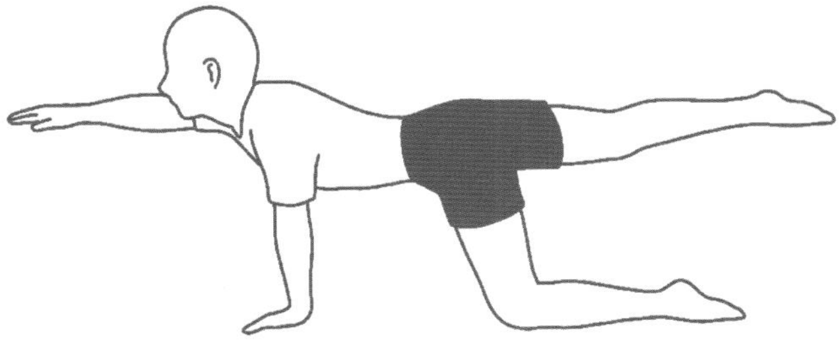

양팔과 무릎을 접어 바닥에 붙인 자세에서 한쪽 팔과 다리를
동시에 20~25cm까지 들어 올린다. 팔과 다리를 번갈아 가며 들어 올린다.

04

객실 승무원의 건강 관리

Health Management for Cabin Crew

바른 식생활 하기

객실 승무원의 업무 특성상 식사를 불규칙적으로 하게 되므로 음식물 섭취에 각별히 주의한다. 식사 시 영양분을 균형 있게 고루 섭취하도록 노력하며, 특히 아침식사는 소화하기 쉬운 음식으로 하고 밤늦게 음식을 먹지 않도록 한다.

휴식과 수면 충분히 하기

해외로 비행을 하다 보면, 단시간 내에 여러 시간대를 통과하여 시차(Jet Lag)에 대한 부적응 및 졸음, 불면, 배고픔, 정신 · 신체적 집중력 저하, 피로 등의 증상이 나타난다. 이때에는 가능한 한 목적지 현지시간에 맞춰 생활하려고 노력하고 짧은 낮잠으로 수면 부족과 피로 누적을 방지한다. 약물 복용이나 음주는 시차 적응에 도움이 되지 않으므로 삼가도록 한다.

규칙적으로 운동하기

불규칙한 생활이 불가피한 승무원의 건강을 유지하기 위해 일주일에 3~5회가량 30~60분씩 유산소 운동(조깅, 수영, 자전거 등)과 근력 운동을 규칙적으로 실시하도록 한다. 해외 체류 시 호텔 피트니스를 적극 이용하는 것이 좋다.

비행 전 · 중에 스트레칭하기

기내 기압의 변화, 갑작스러운 터뷸런스, 가속도로 인해 혈액순환 장애가 발생할 수 있으므로, 근육의 긴장을 풀어 주어 객실 서비스 시 안전사고와 요통 발생을 예방한다.

비행 중에는 소식하기

비행 시에는 기압, 터뷸런스, 가속도, 불안 등이 원인이 되어 복부 압박감, 구토, 현기증, 식은땀이 나는 멀미 증상이 나타날 수 있다. 이때에는 얼음을 입에 물거나 찬 공기를 얼굴에 쐬도록 하고 기내에서는 가능한 한 소식하여 이러한 증상을 사전에 예방하도록 한다.

수분 보충 충분히 하기

기내는 습도가 10%에서 20% 수준으로 매우 건조하기 때문에 피부가 건조해지기 쉽다. 비행 중 수분을 충분히 보충하고, 콘택트렌즈를 착용하는 경우 더 주의를 기울이도록 한다.

객실 안전수칙을 준수하여 산업재해 예방하기

객실 내 제한된 공간에서 무거운 물건을 들거나 흔들리는 기내에서 계속해서 서비스를 수행해야 하는 승무원은 안전사고에 노출되기 쉬우므르 객실 안전수칙을 준수하여 산업재해를 예방하도록 한다.

- 승객 탑승 전에 개인 스트레칭을 실시한다.
- 승객의 짐 Handling 시 또는 Cart를 Compartment에 넣거나 뺄 때 정자세를 유지한다.
- 항공기 Door를 여닫을 때, 터뷸런스 발생 시, 안전 업무 수행 시 정해진 절차를 준수한다.

특히 Galley에 앉아서 작업할 때 부상을 입는 경우가 많으므로 이때에는 각별히 주의해야 하는데, 자세한 내용은 다음과 같다.

- 모든 C/Box나 Compartment는 열어 둔 상태로 방치하지 않고 즉시 닫는다.
- 앉아서 작업하는 승무원의 머리 위쪽 Overhead Bin에 물건을 놓지 않는다.
- 작업 후 일어날 때에는 먼저 위쪽에 위험요소가 없는지 확인하고 천천히 일어선다.
- 앉아서 작업하는 승무원 주변에서 일하는 승무원은 반드시 조심하라는 주의를 준다.

잠깐! 점검해 볼까요?

01 건강 유지 및 증진 방법

1. 바른 식습관 수칙을 정리해 보시오.

2. 수면장애를 줄이기 위해 취할 수 있는 방법을 정리해 보시오.

3. 혈중 농도에 따른 신체 변화를 요약해 보시오.

02 요통 예방

1. Meal Cart를 이용할 때 취해야 할 바른 자세를 정리해 보시오.

03

객실 승무원을 위한 스트레칭 요통 체조

1. 요통 체조를 할 때 지켜야 할 일반 지침을 정리해 보시오.

04

객실 승무원의 건강 관리

1. 객실 승무원의 건강 관리를 위한 7가지 수칙을 정리해 보시오.

참고문헌

김광주(1994), 응급간호사의 기본역할 및 응급의사소통, 대한간호 제33권 제1호

김종임 외(2018), EBN 기본간호학Ⅰ, 수문사

대한적십자사(2011), 심폐소생술

이지민 외(2017), 항공객실의무론, 센게이지러닝

이태규(2012), 항공우주공학용어사전, 새녘출판사

정선근(2013), 대한민국 최고의 명의가 들려주는 요통과 디스크, 서울대학교출판문화원

정옥분(2012), 영아발달, 학지사

최성수(2016), 응급환자 대처, 한올출판사

대한항공 객실 승무원 교범

대한항공 객실 승무원 항공의무

대한항공 객실현장 기본직무 능력 향상 과정

대한항공 의료보험조합/직장인을 위한 스트레칭 요통 체조

서울대학교 학내 응급환자 대응 매뉴얼/학생 · 교직원용

응급환자대처 NCS 학습 모듈

대한심폐소생협회(www.kacpr.org)

대한영양사협회(www.dietitian.or.kr)

대한항공(koreanair.com)

대한항공 뉴스룸(news.koreanair.com)

베이비뉴스(www.ibabynews.com)

보건복지부(www.mohw.go.kr)

아시아나항공(flyasiana.com)

위키백과(ko.wikipedia.org)

중앙응급의료센터(www.e-gen.or.kr)

항공위키(airtravelinfo.kr/wiki)